棲心圖書館聚珍輯刊

（第一輯）

下

可祥 主編

上海古籍出版社

下册

保國寺志

庚子夏月

達登

《保國寺志》由保國寺方丈敏庵和尚編輯，余兆灝、馮全修、陸啟藩、鄭兆龍等人搜羅考證、纂修校正，於嘉慶十年（一八〇五）付梓刊行。保國寺初名靈山寺，唐僖宗廣明元年（八八〇）賜額為保國寺。德芳為保國寺南房始祖，傳至十五世為敏庵禪師。敏庵禪師得寺志於古石佛中，便網羅散佚、考訂舊聞，編輯寺志以付梓刊行。《保國寺志》分上下兩卷，有形勝、寺宇、古跡、藝文、先覺五部分，敘述保國寺由唐宋到清嘉慶近千年的歷史。書前為清吏部尚書費淳所作志序，書末附有敏庵禪師行述及諸友挽詩。此本為《保國寺志》清嘉慶十年刻本，栖心圖書館館藏一冊，國家圖書館館藏一冊。版式：框高二〇點三釐米，寬一五釐一釐米，半頁九行，行一八字，白口，四周單邊，無格，單黑魚尾。鈐有「學蓮」「四明沙門然學」印。《保國寺志》除清嘉慶刻本外，另有寧波伏跗室藏抄本見録於《中國地方誌集成》，釋覺性輯的清抄本藏於天一閣博物館。

保國寺
保國寺志
乙巳年
精進院
穀旦

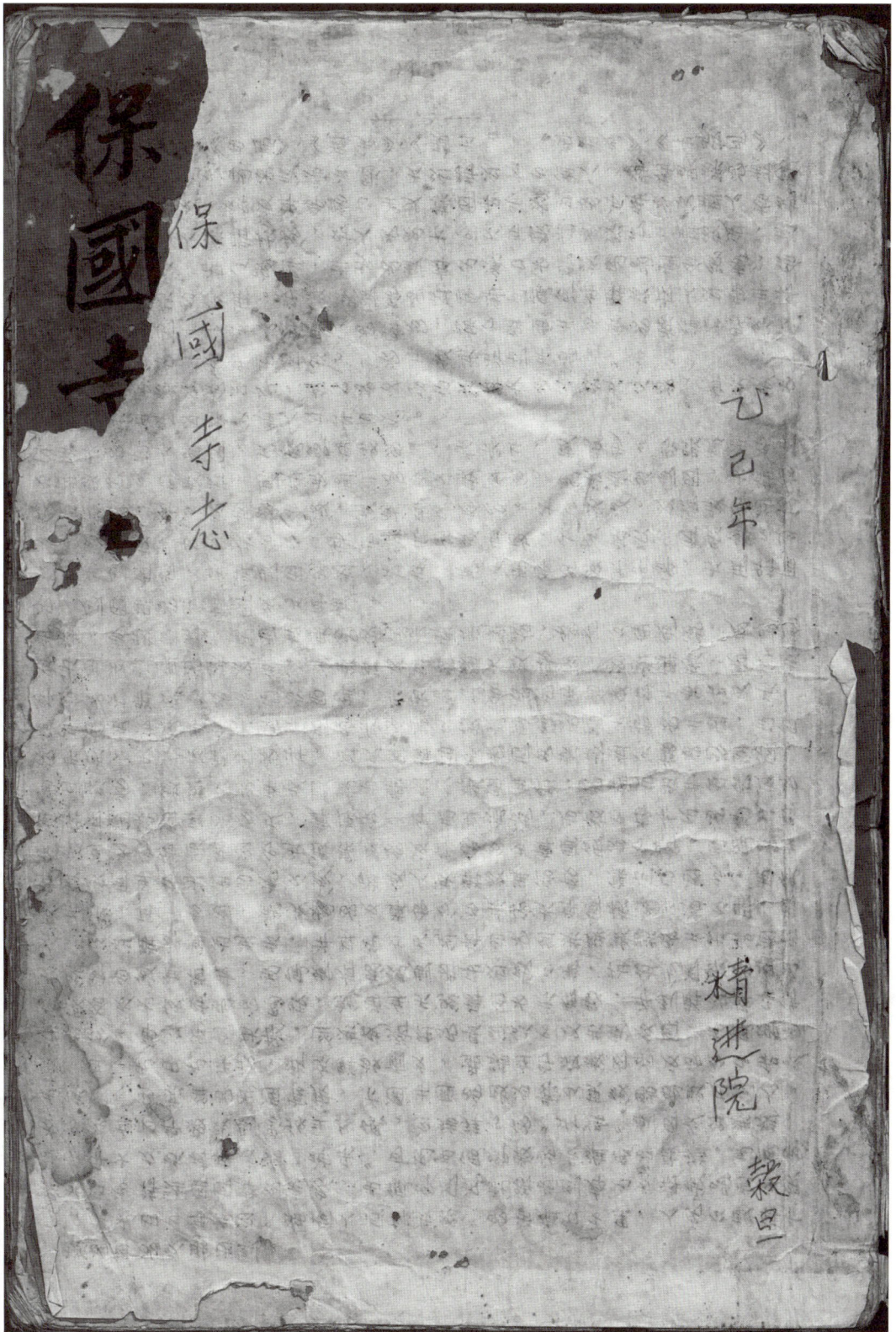

嘉慶乙丑梓

保國寺志

方丈僧敏菴輯

靈山保國寺志序

城東二十里有山名靈山山上有寺名保國我邑之名勝也相傳是山又名驃騎山東漢世祖時張侯名意者爲驃騎將軍其子中書郎名齊芳隱於此山今之寺基卽其宅基土人因本其父之官以名其山其實驃騎山爲是山之東峯現在有驃騎坪坪上有驃騎將軍廟離寺二里衆謂是山宜因其舊而驃騎山從此仍爲靈山矣寺創建於唐名靈山寺廣明元年始賜今額

而靈山寺從此遂爲保國寺矣宋祥符年間叔
平大師精于禪學旁及儒書多所著述同時南
湖十大弟子推爲首領性剛直遇事敢言時郡
守郎公謂使其得用于時可比古汲黯魏徵則
其人可知矣師本披薙于此旋司主席山門大
殿皆以赤手營造闔郡稱爲高僧至今法嗣奉
爲鼻祖焉自元迄明寺之廢興不一至
本朝而圮壞康熙五十四年住持顯齋大師盡焉傷
之鳩工庀材培偏補陋未數年而奐輪備美故

寺重新此皆大有造于保國者也予夙聞茲山
之名勝而復嚮慕叔平顯齋兩大師之所爲乾
隆庚戌冬從京師歸驃騎山陰謁祖墓畢過靈
山保國寺晤主僧敏庵上人上人精明端朴其
氣象殆與叔平顯齋相似因從而詢陵谷之變
遷剎宇之興廢與夫高僧遊士之故跡。上人一
一陳述如流。予固意其必能暢宗。風而恢先緒
也。旣而出一編以示予云此古寺誌得之古石
佛中文多殘缺恐久而遂失之也重加編輯將

付剞氏以垂不朽懇護法賜一言以重之嗟乎宇內名山古刹莫不有誌以爲後人考古之藉吟咏之資靈山保國爲我邑之名勝而獨可聽其寂寂乎顧今世俗人多以此爲不急之務而忽之而敏庵獨慨然有志於斯是果能恢叔平顯齋之緒而爲兹山光也爰不辭而爲之序惟志出古石佛中人多以爲疑予謂河出圖洛出書古文尚書五十三篇出自孔壁周書十卷出自汲冢闔閭之素書得之包山子房之兵書得

之圯上。事固有怪怪奇奇而不得執常理以相
疑者寺志云乎哉。

昔

嘉慶十年歲次乙丑春月穀旦

賜進士出身

誥授榮祿大夫太子少保吏部尚書加三級費淳撰

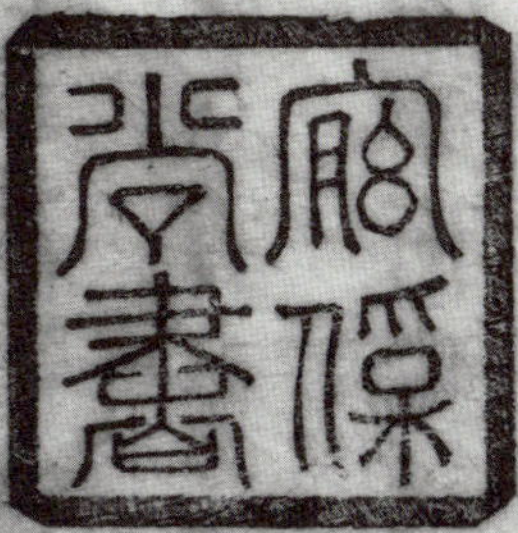

保國寺志目次

保國寺志　目次

茶院
世尊殿
驃騎山
靈山廟
化紙閣

石柱峯
汶溪
定林寺
象峯
佛國寺
第一山
塔院

監院比丘
永燾寫
望海尖
会龙寺
九龙潭
馬鞍山
响石岩
蔡湖
蓮花菴

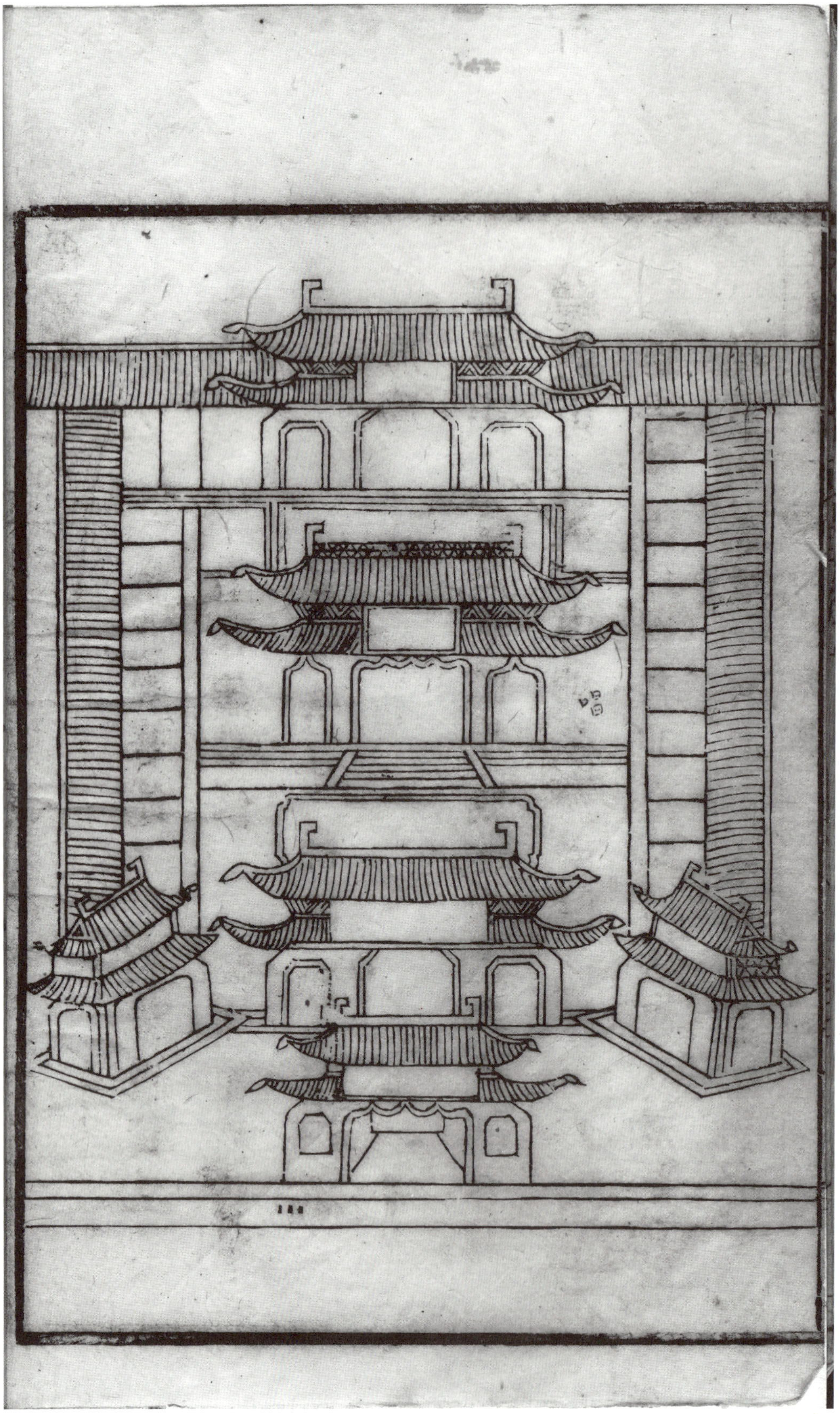
唱

保國寺志卷上

余兆灝著述　馮全修彙集
陸啓藩纂修　鄭兆龍校正
本寺方丈敏庵和尚編輯

形勝

鄮峯山　秦時爲鄮州地。此山遂名大鄮峯焉、

驃騎山　漢中書郎張齊芳隱此。其父爲驃騎將軍張侯因以得名。明嘉靖時。倭奴入寇。見有兵橫截山側。倭不敢逼。從他路去。蓋驃騎將軍陰

靈之所爲也。一鄉賴安。

馬鞍山　山之西爲望海島與鄮峯對峙其中相聯而嬝娜若馬鞍狀。故名或曰。常有玉馬出没于烟嵐杳靄間。逐之。奔東巖石屋中。遂不復出。

古靈山　張侯之子中書郎既隱捨宅爲寺因名其山曰靈山。寺曰靈山寺。鄉人感侯之德。因去是山之東二里許。建廟于其坪。名曰靈山廟而鄮峯亦稱古靈山焉。古靈也。鄮峯也。馬鞍也。驃騎也。實一山而四名焉。推其發脉之祖。乃從四明大蘭而下。至陸家埠過江百餘里。凸而爲石柱山。爲慈邑之祖山。轉南折東。崔嵬而特立者。鄮山之頂也。頂之下復起三台。若隱若伏。越數百丈爲寺基。雖無宏敞擴豁之觀。而有包涵盤固之勢。千百年來。香燈悠遠。法系綿延。其他名山巨刹。莫有過于斯者。又名八面山。堪輿家謂是山乃西來之結脉處。

望海尖。此古靈之西峯也。其頂峻鋭而卓立。立而望之。見大海混茫無際。海中諸國。皆在指顧間。峯下數百丈皆石砰。躡之空空然有聲。名响石巖。巖西即九龜潭。會龍寺。

寺宇

保國寺　縣東二十里。東漢驃騎將軍之子中書郎隱居于此。後捨宅爲寺。初名靈山寺。唐武宗會昌五年廢。僖宗廣明元年。縣丞王軻蘇州崑山人鄉人許標王球等十餘人。憫念名藍圮毀。力圖再興。遂狀於刺史某。轉達於朝。　乞賜名額。并請明州國寧寺僧可恭賚定二人住持。僖宗可其奏。賜額名保國寺。宋太宗太平興國五年。給賜本院知事僧希紹圖記。專切掌領管係行使宋眞宗大中祥符四年辛亥。德賢尊者來主寺事。弟德誠與徒衆。募鄉長鄭景嵩徐仁旺呂遵等。鳩工庀材。山門大殿。悉鼎新之。時邑令林公濟。縣尉楊公文敏。亦與有力焉。

宋治平元年。賜精進院額。今仍名保國。

佛殿　宋祥符六年。德賢尊者建。昂栱星斗結構甚奇。爲四明諸刹之冠。惟延慶殿式與此同。延慶固師之師禮公所建之道場也。自始建以來至今乾隆己丑。凡七百五十有七年。其間修葺

代不乏人宋元明初遠不可考明嘉靖間西房

僧世德

國朝康熙九年庚戌西房僧石瑛偕經重修康熙廿三年甲子僧顯齋偕徒景庵前拔遊巡兩翼增廣重簷新裝羅漢諸天等相位置軒昂其規模大非前日比乾隆十年乙丑僧唯庵偕徒體齋移梁換柱立磉植楹乾隆三十一年内外殿基悉以石鋪嘉慶元年僧敏庵起工至六年止重修殿宇改裝羅漢配裝諸天等相

天王殿　宋祥符六年。德賢尊者建
國朝康熙甲子年。僧顯齋重修。乾隆乙丑年。僧體齋重修。乾隆三十年。殿基及殿前明堂。僧常齋悉以石板鋪之。乾隆六十年。僧敏菴偕徒永齋開廣築塝。重建殿宇。以石鋪成。改造佛座。新装天王菩薩。

法堂　宋高宗紹興間僧仲卿建。
國朝順治十五年戊戌。西夏僧石瑛重修。康熙廿三年甲子。僧顯齋重修。乾隆五十二年。僧常齋同孫敏庵重建。
淨土池　宋紹興年間。僧宗普鑿。栽四色蓮花。
國朝康熙年間。僧顯齋立石欄於四圍。前明御史顏
鯨中題一碧涵空四字
二帝殿　其始建年月名氏未詳。康熙年間。僧顯
齋重修。乾隆初僧體齋重修。四十五年。常齋敏
庵重修
疊錦亭　康熙年間。僧顯齋建。并記書額懸焉。亭
前有古楓。大可三十圍。青蔥可玩。嘉慶戊辰年。

僧敏菴同徒承齋重建。鐘樓 樓在大殿東梢

傳舊有鐘樓。在殿之東南青龍山嘴後。已廢。乾隆十九年甲戌。僧體齋同孫常齋新建。鄉有檀越鄭殿木與弟文木。及其子明和貿易京畿。札招體齋到京募金數百。遠近聞風者亦各懽喜輸資。于是興工鎔鑄。鐘成重可三千觔。其時爲

乾隆丙子八月十有八日也。次年

慎郡王。恩賜鐘樓二大字。此蓋孫先生用承邑庠生名炳炎在京奏請之力也。馮公容齋公名鵬飛乾隆辛未科進士撰

記。今樓在文武祠東嘉慶戊辰年僧斂菴移建

樓在大殿東。　齋樓　計四間。乾隆十九年僧

體齋孫常齋同建。　廚房　計三間在法堂東

樓外。乾隆五年僧體齋建。嘉慶戊辰年僧斂菴

同徒永齋改建　齋樓　計五間。

廚房改樓　計四間。一衖一披。與法堂東樓衖通

法堂東西樓　計各六間。昔本荒基。乾隆元年僧

顯齋自雲堂遷於斯堂之側草創結構。與其曾

孫唯庵居焉。乾隆五年庚申僧唯庵偕徒體齋

營造兩樓。乾隆五十年僧常齋同孫敏庵重建。

碓磨房　計三間。在法堂西樓外。乾隆五年僧體齋建。乾隆三十一年。僧常齋改造樓屋三間。北首設過街樓與西樓通。

柴房　計三間。在齋樓外。乾隆三十四年僧常齋新建。嘉慶戊辰年。僧敏菴同徒永齋改建樓。計三間。作外厨房。

碾房　在天王殿東。今改建文武祠東。嘉慶戊辰年。僧敏菴同徒永齋改建於鐘樓後。

東客堂　嘉慶戊辰年。僧敏菴同徒永齋新建。

禪堂鼓樓併餘屋直至天王殿止。嘉慶庚午年起

至壬申年。僧敏菴同徒永齋孫心齋端齋舟菴

峯齋新建

敘古碑文

一直列一方僅二百餘字皆古篆籀文或謂李北海所譔張侯碑也

一斜截二尺許刊有施財出於一時施田則存託永遠之句

一横泐半幅引東林寺記云靈運雜心馬跡杳淵明載酒虎溪來之句此必善衆修蓮社之碑也

一側斷尖底一方刊云五夜峯頭望日出平明

海底看曦騰云云此乃象鼻峯頭望日碑也
右古碑文四件。舊有序不知何人所作。序中不
詳是碑為何代物。且并得碑年月日不載但言
出碧池底。碧池在大殿前。前明顏御史鯨題以
一碧涵空四字。因號其池為碧池則是碑之得。
非明季則
本朝初年也。而攷碑中辭句。唐宋時始有此文法。唐
以前無之。則是碑為唐以後物又無疑舊序云
未出之前。就視之池水瑩瑩有光遠望之鬱鬱

慈慈有佳氣因遂得碑四圯之豐城寶劍光冲
牛斗云云則是碑信我寺之寶子孫其敬守之
矣舊敘文頗少條理不足存謹撮其大畧誌於
後

古蹟

攷諸山經地誌莫不載有古跡凡前代之名勝名人之蹤跡與夫山川木石之靈異莫不羅列然讀其書。怪怪奇奇。可喜可愕而身至其地則索然也甚至有泯然無有者矣。即古樓臺陵墓亦多牽合而成之。此所謂盡信書不如無書也靈山僻處海隅。古名人罕至。山又不甚高廣。無大奇異茲特據其實者詳之。昔有而今無者註明之。餘不敢附會也。作古蹟誌

雲堂　宋仁宗慶歷年間。僧若氷建祖堂奉祀保
國祖先。明弘治癸丑年。僧淸隱重建。更名雲堂。
邑人陸紳撰記。崇禎年間。僧豫庵擴基改造。更
名玄覽齋。旁設兩廡。前架照廳。與其徒衆居焉。
是爲南房始祖
國朝乾隆元年。六世孫顯齋移居於法堂。而豫祖元
覽齋故居遂廢。乾隆四十七年。僧雪堂與敏庵
分居。將豫祖荒基重建。仍號南房。乾隆五十八
年。僧敏庵同徒永齊新建祖堂於靑龍尾。供奉

歷代香火。

清隱堂　明弘治年間。僧清隱建。今廢

關房　在大雄殿東北隅。今廢

朝元閣　在大雄殿之西。明道元年建。今廢

迎薰樓　明時僧元衍建。其孫宗勉重修。桐溪法師若濟撰記。樓在殿之西南。今廢

十六觀堂　在法堂西。宋紹興間。僧仲卿宗浩同建。今廢

方丈　宋天禧四年建。今廢

下院　在山麓嶺右。今廢

石柱碑　在嶺下大河傍

藝文

藝文誌。起于班孟堅前漢書。後追踵爲史法。凡郡縣志及山水志。亦仿而爲之。然史所載者前代書籍之名。與其卷帙多寡。及作者姓名而已其書汗牛充棟。不可悉載也。又其奏疏雜文。散見于諸傳中。志不重出。而郡縣山水志所載。則名人之序記詩賦。其鄉先生著有成集者書目。即載於人物志中。與史之藝文誌名同而例不同也。而保國寺志。志僧家事。凡鄉先生著述應載郡縣志。與寺志無涉。其例又有別焉。我寺前代未有著述。即有亦已不傳。惟序記詩賦雜文畱傳甚夥。茲擇其尤雅者著於篇。作藝文誌。

丁鶴年 西域人元時父職馬祿丁以蔭居歧川遇亂母子流寓烏斯道爲作孝子傳以詩名家一時名士皆與之唱和

保國寺

一徑野雲深僧房閟綠陰雨腥龍出澗風動虎過林
淡薄滋禪味清涼養道心三生如不昧石上一來尋

過保國寺　姚應龍

登臨何處好古刹對滄江擕鉢僧歸渡推篷客倚窗
階除馴鳥雀廊廡靜幡幢魔障消何有寧須呪語降

遊保國寺　錢文薦

蘭若隱雲端縈廻路百盤駭人啼怪鳥障日聳危巒
僧磬竹陰晚佛臺花雨寒相期觀海曙留宿待更殘

又

離郭省人事入門增道心磬鳴花院晚燈照石龕陰
罩石雲歸岫棲松鳥息林老僧偏不了課誦到更深

題靈山精進院　雲門覺思

石徑連平楚山中晚更幽鐘鳴殘葉寺僧倚夕陽樓得足霜橋滑凭闌海月秋暫行罷參叩長嘯碧峯頭

訪德禪師　西橋子芽瓊

一鉢尋支遁三乘得上禪烟消松際月風靜水中天白雪傳佳句蒼藤補舊椽蒲團相對語許我作忘年

寄題暢上人靈山別業　若耶覺恩

出郭三十里天開佛國圖寒知松雪聚情想海雲孤隱跡酉青嶂幽芳散綠蕪遙聞鳴梵磬清極一塵無

又

葛應龍亦作慶龍
宋末南宋高士文
号秋巖隱居深山野道
人早年入匡廬爲從
游張玄元中玄弘道
士交遊初隱葵山
閉一岩洞見鮚埼
亭集外編二十二

不信此山靈群山作障屏雲光龍洞累草色馬鞍青
献菓猿窺供啣花鹿聽經何時就文暢登眺極滄溟

寄題極目江天　　秋巖葛應龍

古寺翠微裡窈窕環深谷上有最高峯曠望開平陸
大江出萬山横截島嶼綠海潮逆而上波濤相擊蹴
六國梯航來紛紛泛鳧鷖錯壤參棋羅迻天如釜覆
西眺落夕陽東瞻耀初旭萬家聯飛甍三時雜花木
風雲變朝昏晴陰異信宿雪天應更佳無邊堆瓊玉
彷彿瑤池中素蓮香馥郁跨鶴下仙來競奏白雲曲

顧我汗漫遊斯景少瞻矚何時撫危欄一嘯慰萬鶍

題靈山保國寺　越中德圭

苔護豐碑崎曲廊廣明遺跡豈茫茫溪聲曉落巖前
樹柳色晴搖山外塘齋磬午時浮佛殿定燈終古照
經堂白頭還有同門社百歲終期住石房

中秋訪清禪師　未齋子宗道

蕭瑟叢林秋氣清我來正值月華明山光露洗看無
影桂樹香飄聽有聲瑩徹難從窺色相寂寥何處起
心兵如公原是西方客十二瑤臺自在行

遊保國寺　陳誌

欲問深山何處鐘翠微高處峙龍宫杪秋楓葉燒雲白殘夜潮聲湧日紅禪榻香消聞寶偈心齋塵淨見眞空年光四十成虛擲試剖丹臺叩遠公

遊保國寺　顔鯨

山寺曾同野鶴棲雄心消盡見天倪十年拙宦韜龍劍三笑何人過虎溪怪石不移僧自老古松無恙鳥頻啼登高多少追尋意一任浮雲海外低

重過保國寺　徐一忠

挾策曾從此地遊別來巖壑幾經秋青山已老菩提樹白社重尋支遁流日落磬聲雲裡寺月明漁唱荻邊洲碧紗畢竟歸塵土題壁空煩姓氏留

宿保國寺東房　馮遜庸

未到前峯響木魚峯腰卜築一禪居不嫌矮屋三間小得傍靈岩萬丈餘日落嶺頭雲抱石潮廻江岸月臨除老僧情重能留客頻喚山厨摘野蔬

夏秋坐石公精舍漫賦二律　姜宸英

古寺深山裡西房竹院幽墻低容樹入樓小得雲留

石榻垂秋果繩床聽雨鳩清談已消熱不必訪丹邱

又

塵埃不到處僻性最相宜海近生雲易峯高吐日遲
汲泉烹嫩茗索筆寫新詩莫看此行偶山靈應早知

獨坐石公方丈鼓琴　横山裘璉

萬籟喧爾靜空山一鼓琴幽泉鳴瘦石群鳥赴高林
風定聞香細神閑悟道深忽驚人跡響竹葉落苔陰

山中晚景

晚凉古木亂鳴鵶竹徑叢開夜合花忽被松風吹客

睡醒來明月背人斜

登靈山絕頂

登山小天下觀海大乾坤烟點齊州出潮廻刻宿吞
長風吹欲倒遠岫去如奔一嘯驚仙侶回頭失鹿門

癸巳暮春被放後訪顯齋禪兄

開門見山影便想山中人握手一爲晤回頭三十春
松風尋舊逕澗水浣征塵猿鶴偏無忌依然當日親

二

故舊三房好交情爾最真並欄觀水月長嘯動松筠

心跡原無閒年華甚轉輸祇應不相見相見倍傷神

三

燈昏月漏屋佳句絕驚人可惜陶潛別孤吟盧阜春
溪猶留虎跡松已作龍鱗白髮君相似我偏滯俗塵

四

每經幾雨後勝絕化城春溪水浮花活山烟壓柳新
猷魚棄馮鋏漉酒破陶巾尚借生公法消除兩鬢銀

五

信宿僧寮去應非前度身流泉雖出谷芳草不生塵

心悟當前幻情知別後眞還山已有約自不爲鱸蓴

遊保國寺　　博園余世昌

春遊偶到此山中山半巍然敞法宮翠嶺雲開新樹綠清溪水滿落花紅籬邊犬吠驚生客席上樽開對遠公從此禪房一回過令人不復憶壺蓬

宿保國僧舍

設榻君先待應知消息來話殘燈欲灺起看月移臺衆鳥溪頭寂疎星檻外開五更鐘起處夢入白雲堆

保國寺避暑　　三峯余曾鋐

空山一片白雲横觸暑追凉古寺行晒網漁舟橋下
泊覆陰松樹澗邊生到門正喜溪泉綠設榻偏鄰竹
塢清已覺煩囂消欲盡石欄又見月斜明

雨後登保國寺

曉霽登山寺沿溪咽亂蟬雲陰低逗日樹杪峻生泉
鶴舞猴猶重花開色欲然錦亭成小坐高閣一燈懸

贈體齋上人即煩一揮

誰言方外士獨與世情疎特下松間榻還烹圃上蔬
雲連諸岫暗雪落一窻虛即景聊持贈仍勞智永書

遊保國寺　　艮則氏秦秋横

昔聞保國寺今日步叢林路曲蟠蛇上崖高護燕深
松濤翻鷲嶺鳥語亂魚音未坐生公石居然清道心

二

遠水看香積疎鐘出化城山陰樓帶雨林密鳥傳聲
社結陶彭澤樽開阮步兵况當逢講法佛語聽分明

秋日同三兄冒雨登保國寺　　余兆潛

梵宮何處是楓葉滿林丹山色經秋老溪聲帶雨寒
水深愁没徑沙落欲成灘夙有尋幽興無辭共躋攀

其二

寂寂空山裡禪居雨後陰濕雲低度澗急瀑亂衝林清景差堪玩香醪且共斟旋歸開夕霽一路有鳴禽

臘月廿三暮登保國

不信舊遊處樓臺忽矗天窻低遠岫日簷敞暮山烟暫憩新亭上重來古院前棲遲何忍去惜已逼幾年

其二

酒進香醪黏蔬兼雪藕肥故情一以重落日欲忘歸下榻鐘聲寂窺窻月影微乍眠驚乍醒門扣有僧回

晚春遊保國寺　鄭兆龍

殘春尋古刹一逕入雲霞竹氣寒山日松風落澗花鐘鳴剛寺午犬吠到僧家回首來時路輕烟嶺外斜

其二

僧廊跨水築步步踏溪聲冷氣侵衣濕詩情入骨清有苔皆葉覆無石不雲生目瞑忘歸去前途待月明

重過栖雲堂憶念峯上人

曾訪高踪到上方談禪敲句夜聯床鐘聲遠度西巖月幡影低翻子夜霜回首久荒彭澤徑傷心重過遠

公房閒雲栖止還如舊奈爾音容覺渺茫

閱保國志弔德賢尊者　裔孫靈道

曾聞慧業冠南湖重過溪山嘆碧蕪衣鉢六年棲積霧樓臺千古壯浮屠上方鐘起連僧語隔浦烟生散篆爐天外靈山青不改師功歷刼定難磨

遊保國寺　良則氏秦秋横

寺門開突窔戶牖豁闌珊苔蘚浮圖碧藤蘿古木班衣間披霧露眼底望江山應有空中錫無勞鶴往還

雲堂記

雲堂者，保國寺精進院之祖堂，清隱律師重建而始名也。釋氏之祖堂，即儒家之宗廟，供奉列祖先覺神主，春秋歲時，薦陳禮拜，以妥先靈，以伸孝思。蓋傳其道，繼其世，則當主其祀，與我之父子祖孫之氣脉相承者，其事一也。精進院向有祖堂，歷世既久，棟宇傾頹，不蔽風雨。清隱師與其徒交應、文偉因舊基構新堂，錫名曰雲，而列祖先覺之靈，得與諸天同得所棲止矣。顧其謂之雲也。衆不知所取義。落成之日。師方六秩。邑之賢士大夫。咸在稱慶。酒半。起問師所以名斯堂者。師曰。我名清隱。古之隱者。大隱隱朝市。小隱隱邱樊。今我奉西方出世之教。朝市不宜隱。邱樊不屑隱。我其與雲而隱乎。天下無心之物莫如雲。雲合而雨。無心于合也。雲同而雪。無心於同也。春爲濃雲。夏爲奇雲。白雲於秋。凍雲於冬。四時之變。無心於變也。吾坐於室中。凝心於無何有之鄉。虛室生白。吉祥止止。隨雲以隱合亦不知同亦不知變亦不知推之我祖無不如是此我以雲名堂之意也時越仙陸叟聽而悅之因申其意而爲言曰隱之義與顯對者也古聖賢具經天緯地之才匡世安民之畧或不見用於時卷而懷之棲息山林優遊隴畝則謂之隱惟其有可以顯者故隱以稱焉不然橫目二足之徒不知幾千萬萬其得列名於朝籍者幾人豈得胥稱爲隱哉釋氏具大神通法力能普濟斯世而自屏於淸淨寂滅斯則隱之大者

也。今夫雲生於山，而性與山宜，然其出也。彌天際地，不崇朝而雨天下，潤萬物。澤群生。及其入於山也。則一片白雲、且不知消歸何有矣。故物惟雲可以稱隱。人惟具雲之才、而後可以隱，可以隱於雲。昔德賢尊者、丕揚聖教，道行彌天，爲斯堂祖。今師克紹而述之、則師名清隱，而斯堂名雲，不亦宜哉。座客皆稱善。遂述之以爲記云

明弘治癸丑八月　日邑人陸紳撰

新鑄大鐘記

釋氏稱空卽是色色卽是空既無色奚取於聲然我嘗觀蘭若精舍莫不有鈴鐸鼓磬之屬而叢林大刹則巨鐘懸焉其義何居蓋嘗論之釋氏之言空也猶我儒之言靜也我儒言靜必先之以敬非敬則所謂靜者寘然而已釋氏言空必先之以覺非覺則所謂空者頑然而已敬之說我不暇論而覺之用莫先於聲聲之用莫神於鐘鐘聲入於人之耳而鬱積宣沉滯解惺惺

然藹慮於是乎一空誰謂叢林大刹可無鐘乎哉慈城東保國寺剏建於唐中興於宋襟江帶海環繞四明太白諸峯宏敞窈曲其中代有高僧締搆營築宫殿之巍峩金碧之華麗寖寖乎駕明州諸刹而上之矣而千百年來虡業未崇噌竑絶響亦缺事也體齋上人嗣主法席慨然有志適鄭君殿木文木客都城以書招致體師募諸當道歸得數百金而郡邑好施者亦樂捐費助成其事於是採精金延良冶按梟氏之規

範鼓洪爐而鎔鑄。自乾隆壬申至丁丑。凡閱六寒暑。而大工告竣。肉廉合度。清濁均調。自此之後。每當郡火初齊。曉星欲曙。與夫烏啼霜滿月冷風清之候。砰訇轟震動。聲出白雲杳靄間。不惟寺衆聞之。而覺路開萬慮空。郎山麓之居人。江船之過客。一時亦頓覺利名之可鄙。擾攘之徒勞者。則斯固談空之妙用。而亦主靜之一助也。上人請記其事。遂書以應之。

乾隆二十二年歲次丁丑七月既望馮鵬飛記

保國寺齋僧田碑記

乾隆甲寅正月。保國敏菴上人。詣余而請曰。敝寺在靈山。山下路通南海。凡僧衆之隨賫戒牒而叅學於普陀者。多從此經過。地處荒僻。既少逆旅。幾無覓食之區。夜乏投宿之處。行路之難殊爲可憫。明時衲之始祖豫菴尊者。發願接衆創置田畝。厥後靜齋尊者。質菴尊者。明菴尊者莫不以豫祖之志爲志。至

本朝顯齋尊者。暨景庵尊者。唯庵尊者。體齋尊者。常

齋尊者理齋尊者又凡六世繼增其事田畝漸次擴充歲之癸卯祢接司住持之事不敢忘祖德積歲經理統計歷代及祢所置共得齋田貳百五十餘畝具册呈明縣尹鍾公太守克公觀察左公並批免派役自是過此山而赴南海者食息無虞而儆寺之齋單應供不致竭蹶第恐後之主是山者不知創業之難以致田有廢失則歷祖與祢之心力為徒勞矣因懇一言勒諸貞珉永垂後禁噫異矣夫博施濟衆雖堯舜所

病然聖賢之教未有不以施濟爲事者乃我觀世之業儒者爲身家謀莫不至詳且悉而存心施濟者則千百不一得保國寺先世旣志在置田接濟其徒而上人又克丕光前業用彙厥成雖所濟止于其徒然使業儒者咸能各濟其徒天下豈有失所之人哉是何聖賢之教業儒者失之而業佛者反得之也蓋自佛法盛於中國而仁義材智之民多歸彼學我道中遂鮮其人焉豈不惜哉豈不惜哉旣書以與上人復不勝

感慨係之云。

乾隆五十九年歲次甲寅正月穀旦邑人馮全修撰

6

保國寺志卷下

余兆灝著述　馮全修彙集
陸啓藩纂修　鄭兆龍校正
本寺方丈敏庵和尚編輯

先覺

寺誌之誌先覺。猶國史之有紀傳。族姓之有譜諜也。承先開後之道。莫大於此。我保國寺。自漢迄今。幾二千年。其先覺之住持者。大約不下數十傳。然唐以前。俱不可考。唐以後可攷者少。不可攷者多。惟中葉分南房以後，自明豫祖以迄於今，則世系歷歷可誌焉。豈敢畧遠而詳近，淺疎而著親哉。名號俱不可以臆造，事跡不可以空構。故司馬遷作史記，自周以前多缺畧，亦事勢之無可如何者。史之闕文，聖人之所取也。然史有年表，譜有世系圖。今我寺誌僅有行述，而無圖者何哉。國史本紀既載帝者大統，而同姓諸王別其支屬，若不詳載，無以明收族敬宗之義。族譜支庶蕃衍亦然，非圖何由一覽了然。我寺誌。則第誌其居此寺者。其分居别院者。一誌始分之名號。而止其子孫不復載。與國史族譜不同所謂彼行彼法。我行我法也。且國史亦天潢之派必詳。而相將之子孫不著。即族大人衆之家。其分遷異域異鄉者。又豈能盡著之哉。則寺誌與國史族譜雖異。而又未嘗不同也。爰稽古唐可恭尊者以來。作先覺誌。

唐可恭尊者

尊者亡其名族。本明州國寧寺僧也。初保國寺名靈山寺。肇建於漢。歷魏晉六朝。至唐武宗會昌五年。詔毀天下佛寺。寺遂廢。及僖宗廣明元年。復崇佛教。於是鄉人咸詣國寧寺。請尊者來此住持。尊者因偕檀越許標等。鳴之刺史。尋往長安。時值關東大旱。尊者爲跪誦蓮典未終。淋雨大澍。禾黍芾穟民氣獲甦。有司以其狀聞。遂得召見。因以恢復靈山寺爲請。僖宗許之。俄又詔於弘福寺。講五大部經。越三月而弘法大振。徹講之明朝綸章。特下勅賜靈山寺爲保國寺。此保國寺得名之由也。并賜紫衣一襲。奉勅還山旋即庀材鳩工。重建殿宇。我寺自漢至唐。歷年數百。其間住持之人。皆不可考而得有保國之名。實自尊者始。嗚呼既廢之刹。興復爲難。非尊者具大法力神通。烏能上感宸聽。勅名賜額。沿至於今。又幾及千年而不廢也。夫自尊者至宋德賢師。其中間亦俱無考。

宋法智大師四明尊者

師名知禮。賜號法智大師。德賢尊者之師也。族

金姓母李氏七歲喪怙爲報鞠育恩出家太平
興國寺依僧洪選十五祝髮二十受具從寶雲
通公學天台教觀一受卽了因代師座三十二
出世一心講懺共三十八年嘗然三指供佛造
院裝像印寫教乘宋天禧元年楊公億申奏詔
賜紫衣四年眞宗皇帝賜法智大師號天聖五
年冬臥疾六年正月五日召衆說法訖因囑其
徒則全等流通天台教観善自荷擔莫作斷佛
種人語畢連稱彌陀佛號奄然而逝其徒三南

湖十大弟子者皆能廣宣師教而則全尤得師
滴髓傳遂爲保國中興之祖焉
宋山門鼻祖三學德賢尊者
尊者名則全號德賢又號叔平保國寺中興之
祖也本施姓出家保國寺蕁造法智大師門下
習學教觀時南湖十大弟子群推師爲冠師又
旁通書史善著述性直氣剛敢言人失人以是
畏之住三學堂三年郡守郎簡尤加敬禮嘗語
人曰叔平風節凜然若以儒冠職諫諍豈下漢

560　公元1045

汲黯唐魏徵我朝王元之耶祥符辛亥復過靈山見寺已毀撫手長嘆結茅不忍去居凡六年山門大殿悉鼎新焉至慶歷五年夏別乘坐亡

保國寺肇自東漢本名靈山寺歷魏晉六朝其主僧及寺之興廢俱不可考至唐可恭尊者始來住持勅賜名保國寺然猶未甚顯也自尊者中興以後殿宇日盛宗風大暢保國寺之名幾與天童普陀相頡頏雖代有高僧主持其間然皆踵尊者之故迹而爲之尊者之功不亦偉哉

公元

自尊者後。歷南宋元。至明。豫祖別爲南房時其間可紀者。則有澄照師。公達師一航師。

賜紫衣澄照大師

師諱覺先賜謚澄照。慈溪陳氏子。七歲出家保國。經典一覽成誦。初稟教於明智立。既得其傳復請益慈辨。所詣益深。紹興初。主奉化之寶林寺。適邑苦旱。請誦金光明經。終卷大雨三日。因導邑人建光明幢幡。以種福田。遷主延慶。大弘宗教。久之復還寶林。摘經疏名言。曰心要。絡與

公元1146

十六年。趺坐示寂。世號澄照法師。塔于寢室之側。至今夜過者。時聞有梵誦音。按師舊狀題云賜紫衣澄照大師。分註云。賜謚澄照。夫死則後謚。師卒於紹興十六年。則賜謚在宋高宗之世無疑矣。其賜紫衣乃生前事。狀不詳其年代。則未知其爲高宗之世歟。抑徽宗之世歟。然徽宗崇信道教。高宗當金源擾亂。戎馬倥傯之際。而尊禮師若此。則師之德行。從可知矣。噫何我保國。前代之多名僧也。明智立師未詳。

公達大師

師本邑胡晟之子。仲卿其名也。字公達。少歲禮道存爲師。授以佛經。輒能誦習。具戒之後忽自念言。持戒清淨入道之初門。教觀克勤出家之本志。遂入延慶圓照。講幃。領受天台三觀之道。既知梗槩。則曰。祖師垂訓。大抵示人眞修。若不加功進行。但駕空言。何補於道。由是兢兢鑽仰。栖止觀堂。行法華三昧。晝夜勤劬。刺血寫蓮經四部。然二指供佛。復率有力者。修蓋彌陀閣。十

見一可明 公元1462年 公元1136

六觀堂。乃還受業院。即保國寺。化導衆緣。重建法堂五間。復與法姪宗浩於院之西。叠石崇基。立淨土觀堂。鑿池種蓮。欲招社客。繼東林遠公之風。紹興六年十月。整衣端坐而逝。道存師亦未詳。

一航禪師

一航師者。豫祖之師也。舊志無行狀。族姓法名。本師與生卒年月日。及生平事跡。俱不可考。據豫祖行狀云。從保國東房一航師。得傳心之妙。

則師道行之高可知矣。又云嘉豫祖志行，分柴山。給歲糧以成其志。豫祖果屹然爲南房別祖。則師識力之高又可知矣。其本末不少槩見，何哉。意者師圓寂東房，我南房之誌但紀豫祖以下而不及師。東房亦莫爲師纂述之。故遂缺焉，豈不惜哉。然師事跡雖不詳，而猶可因豫祖之行狀，以想見其梗槩。且師旣我南房所自出之祖。則南房一日尚存，卽師之支一日不絕。名與功一日不朽，而東房自師以下。若豫祖之師弟德性師者。其名族行止一無可稽據。予所知東房有隱峯師。炳初師。松南師。生平俱不顯。今存者爲松泉師。現住別菴。餘則并其名號而泯泯矣。不寧惟是我保國向有三房。東西房之分。起於宋德賢尊者後。明萬歷間。豫祖又從東房別分爲南房。於是始有三房之名。相傳明弘治間西房有清隱師。建雲堂有記載藝文誌。嘉靖間有世德師。康熙初。有石瑛師。俱曾修佛殿。其餘影響無存。且今世絕已久。益無從查識。凡此皆當時莫爲紀錄之故也。乾隆四十七年，予與師兄雪堂師分居，歸田百畝，又別號新南房，而豫祖之南房，作爲常住，歸予住持。於是保國又有三房。今東房又無人住持，是保國祇有豫祖以下兩房矣。嗚呼，盛衰絕續之故，天實爲之。千百年後，我兩房又烏知誰絕誰續，誰盛誰衰哉！惟是兩房僧衆之名號、生卒、世系，我後世子孫必備錄而存之。其功德傑出者，必請名人詳述行狀一遍，附之誌後，庶幾寺宇有時興廢，山川有時改易。而文字之流傳無盡則其名亦終古不滅也。因補作一航師傳。備述以垂示云。西房未知絶於何時。康熙初。西房既有石瑛師。而横山裘翰林贈顯師詩。又有故舊三房好之句。裘與顯師亦康熙年間人。此時尚有三房。則西房之絶甚近也。但年月日已不可考。

元覽齋開山第一祖

明豫庵大師行狀

師名德芳。號豫庵。保國寺南房之始祖也。始保

國寺分東西房至師别自爲南房師慈邑趙氏
子少嗜讀書精易義更工詩父毋早亡家贍生
業而性沉靜不耐俗務偶逢也觀戒師會心禪
理遂祝髪於四明演法道場郎郡城崇教寺時年二十
三歲已能宏宣象教標舉會宗縉紳士民多皈
依之後從保國東房一航師得傳心之妙遂依
栖保國師以常持經理有人一意參悟於寺事
一無所關惟終日焚香趺坐而已其師弟德性
微有間言師因請自行炊爨一航師嘉其志行

許給歲糧。并撥分柴山一所。時萬歷三十九年一航師之爲師計者周矣。然師自是於東來第一橫出一枝。別爲南房。靜修之餘。與其徒靜齋戮力支持。備嘗艱苦。歷十餘年。置田十畝。躬耕食力。得免困乏。其受一航師給糧僅四三年耳後更重建雲堂。改名元覽齋。前設佛堂。後奉祖祠。廳廡秩然。棲身有所。而其造詣亦視前益進矣。然與人相見。輒道常語。從不自矜學問。時同卿象大戴公。謂師善易不言易。工詩不說詩。精元不談元。眞得道者。耑愚姜公。自臺中南旋。嘉其明粹。因來卜居山麓。相與晨夕。過從遊玩泉石。嘉禎馮公。自禮曹歸。亦與師交好。以應如是佳句。題師之室。曾同社友繪宗門傳燈圖。壽師古稀。公爲序之。以當南山之祝。其德行之高。爲縉紳先生所推重如此。計師之生。距宋祥符四年辛亥。德賢尊者中興保國寺時。已五百六十九年。挺生我師。别爲元覽齋始祖。自師之卒。至今嘉慶七年。又歷年一百二十餘。西房既泯焉

無存。東房僧雖尚有存者。綿延不絶如綫。而南
房寺宇巍峩。劈分兩支。法嗣繁盛。此殆天之所
啓。非偶然也。師生於萬歷七年己卯七月二十
日辰時。

國朝康熙四年乙巳。十二月示疾。初六日端坐而逝
壽八十有七。僧臘六十有四。葬於本寺前山南
園。師遺命一菴一齋。祖孫同行。世世相傳。蓋取
儒者昭穆之義云。

靜齋禪師 第二世

師名興仁。號靜齋。豫祖之徒也。本邑汪氏子。自幼出家。少師豫祖二十歲。事豫祖甚孝。且性勤謹。作事無所推讓。力耕躬食外。不涉他務。遂漸致豐裕。凡四十年。置田百畝。南房雖豫祖開先。然師贊襄之功。亦不少矣。先豫祖圓寂時。順治癸巳九月廿二日也。距生於萬歷己亥二月十八日子時。享年五十有五。葬於法堂後山乾隅。

質庵禪師第三世

師名隆義。號質庵。靜齋師之徒也。本邑周氏子。

性恬淡。出家時年甚少。已有老成風度。祖豫祖甚愛之。曰此子壽命當不亞於吾。他日能安享清福者也。康熙丙寅年七月廿一日。初無病苦。側臥而逝。壽八十有六。人服豫祖知人之明云。生萬歷辛丑三月二十七日巳時。附葬靜師之墓。

和齋禪師 第四世

師名傳禮。號和齋。質庵師之徒也。本邑鄭氏子。自幼出家。質性敦朴。不苟言笑。居心甚慈。與人甚厚。而年壽不永惜哉。生於萬歷戊申年十月初十日午時。卒於順治戊子年三月初十日。年四十有一。附葬靜師之墓。

明庵禪師 第五世

師名弘道。字明庵和師之徒也。本邑長石橋王姓子。性爽直。有膂力。不畏強禦。而居常甚謙謹。恂恂如也。

本朝初年。兵戈未靖。里巷間草竊甚多。師時居關聖殿。有賊乘夜上山行刼。師預知之。潛候焉。來郎被擒。賊呼號乞命。言不敢再犯。師察其誠。釋之。然終不爲洩也。其人後爲海盜。一日來訪師。師已不識。詢之。即前所被擒者。師責其胡尚不悛。戒勿再來。因出飯食款留其人。不受而去。逾年師亡。又來拜奠。噫。師之不洩者。冀其改悔也。然其人業習於不善。雖洩之不改。雖不洩亦不改。而洩之則其怨師也必深矣。今師不之洩。則其人雖不改。而其感師也亦深矣。此可爲待惡人者法。師生當鼎革之際。苟全性命。獨身隱浮屠。

晚年乃招徒繼法。年僅十齡。師曰。此子不凡。惜吾已老。不及見其成立耳。享年五十有六。生天啓四年(一六二四)甲子十月初十日卯時。康熙己未年(一六七九)八月初七日圓寂。墓葬山麓石柱牌之乾隅。

顯齋禪師 第六世

師名繼法。號顯齋。明庵師之徒也。本府鄞縣鮑姓子。父早亡。母邵氏。康熙初年。冠盜饑荒。母子流寓慈東。師年僅十歲。明庵長老見而異之。欲收爲徒。母曰。出家甚好。但苦老身無依耳。長老許以贍養終身。母從之。於是賃呂清橋呂氏之房。安置邵母。母性好靜。獨居一樓。朝夕焚香誦經不輟，如是者十數年。而邵母亡。師性聰明讀書一覽成誦。遇會心處。輒流連反覆。幾不知時之早暮也。十八歲監視院事。僧衆肅然。明庵長老見師年甚少。而才能服衆。由是益器之。廿二歲明庵長老卒。廿九歲三世祖質庵長老卒。師兩當大事。哭泣甚哀而喪葬之禮。一一惟謹。遠近由是共賢之。慈東有茅洲閘。獨當水衝。潮流

迅激往來船多不保乘以爲患康熙五十四年
乙未師命徒景菴列詞於縣縣主樊公琳公河南人
即委景庵主其事且捐俸倡之師因於閘旁別
建一閘分流以殺其勢期年落成鄉人呼爲樊
公閘自是船皆從新閘安行無虞而蕁洲故道
遂無復問津者時郡侯尚公贈額以功高千古
樊公贈以文稱爲禪宿罕儔師以資費自乘出
捐募爲僧人分內事皆辭不受識者亦由是益
高之保國寺創建于唐雖屢經前人修葺而地

嫌局促。大殿前左右又乏重檐。前康熙廿三年甲子。師開拓遊巡。擴基八尺。兩翼新設重檐。擴基五尺。重塑羅漢諸天等相。殿前砌以石板。殿池四圍甃以石闌。山門金碧。佛殿輝煌。遂成東來一巨刹焉。師才甚幹辦。而又素爲寺衆及居士所欽重。無命不從。有求輒應。故其設施。每不勞而成功。乾隆元年。與曾孫唯庵卜居於法堂之側。而常住由是隆隆日起。齋田增廣。教法大宣。至今人言及保國者。尤稱師之功不置云。師性慷慨而嚴毅。貧士告貸必酌多寡與之。不責其償。至其有勢力者則不少假以辭色。邑有巨紳之子某。與師以細故相爭。巨紳愬於縣。師幾被懲。因上控得釋。巨紳大爲沮喪。晚年尤好讀書。手不釋卷。所著記詩賦等甚多。遺稿散棄。鮮有存者。時橫山裘翰林璉。以詞翰著。天童主席龍山嬾哄。以禪學稱。師皆與爲契友。乾隆二年丁巳二月十二日端坐而逝。壽八十歲。葬今鐘樓東隅山地。師之母邵氏亦葬焉。順治十五年戊戌三月十五日。師之生辰也。初師自題其墓。藏幻於幻。又題一聯。玉几爲屏。迎旭曉開千嶂錦。鐵沙似帶。環山日湧兩江潮。今石刻存焉。

景庵禪師 第七世

師名祖輝。號景庵。顯齋師之徒也。本山下蘊氏子。生於康熙十二年癸丑歲。十月十一日丑時。卒於雍正七年己酉歲。閏七月初四日酉時。享年五十有七。附葬顯師之墓。師少顯師十五歲少小出家。嘗以利物濟人爲念。享年不永。先顯師沒。不能無憾。然而受其利者。不可勝紀。至今尤多稱道之者。雖謂之老壽可也。精書法。筆意近董華亭。

日齋禪師 第八世

師名佛光。號日齋。景庵師之徒也。生康熙三十四年乙亥八月廿一日亥時。卒于康熙五十四年乙未九月廿一日申時。得年二十一歲。本邑唐氏子也。

唯庵禪師 第九世

師名杲一。號唯庵。日齋師之徒也。杭城夏氏子。秉性慈祥。接人甚和。面貌圓滿。聲音宏亮。而精熟內典。每人家有法事。師爲主座。漏深人靜。琳瑯之響。穿雲薄月。聞者渺然。若從諸天於空際而忘其身之在塵土也。由是士女喧傳。以爲慶七靈非師不可。爭邀致之多肩輿以迎云。乾隆己丑年。與其徒體齋重修大殿。次年落成。自此謝院事。遊目林泉。逍遙歲月。而乃忽焉長逝。人共哀之。時乾隆十五年庚午四月初六日也。壽五十歲。生康熙三十七年八月初一日戌時。墓在天王殿東竹園裡。師最勤筆墨。嘗書法華經一部。手澤猶存。

體齋禪師 第十世 師生康熙戊子十月廿七日戌時卒乾隆庚子十二月二十日午時

師名圓相。號體齋。唯庵師之徒也。佐其師新建鐘樓。重修大殿。起造法堂左右兩樓。享壽七十三而終。係長石橋王姓。墓在天王殿東竹園裡。

悅庵禪師 第十一世

師名明粹。號悅庵。體齋師之徒也。本邑成氏子。

生於康熙甲午年某月某日某時卒於雍正乙巳年四月十七日午時得年十有二歲。

常齋禪師　第十二世師生於康熙辛卯年十二月廿二日申時

師號常齋名普恒。悅庵師之徒也族姓本邑趙氏性端方嚴肅非正言不道。非正事不行。非正人不與。凡檀越及列寺僧咸推服焉。而尤勤於修建之事。乾隆四十五年。建文武帝殿於疊錦亭內又于天王殿高低轉灣處。新構一亭。懸東來第一山之額既曠如。又奧如。遊人至此如入異境焉。四十六年。山門大殿悉被狂風吹壞。幾無完屋。師次第修葺比前愈爲完固。寺產亦月增歲益。幾連阡陌。師之功於保國多矣。然此猶持住僧分內事。師則又嘗於山麓建義塚塔。字紙塔。修山下和尚橋。砌蓮華庵前大路若干丈凡力所能及者。不問僧族家應爲事。輒竭力爲之。君子又以嘆師之知大道也。晚年無所事事日誦法華經二卷。歲以爲常。卒於乾隆五十四年十月十五日亥時。享年七十有九。墓在天王

殿東竹園裡、

巨菴禪師 第十三世

師名成隆、號巨菴、本邑黃氏子也。父母早亡。出家時僅四歲、厚重端朴。顯祖甚愛之。及長語言吶吶不出。雖甚拂意無怒色。與之處者從不聞其罵詈聲。然性最聰慧。見人所撰物。輒能倣效。而巧更過之。或託以事。謀之必竭其忠。不啻其身事也。勤於力作、雖違和不輟。然不令其師長知之。遂致精神暗損釀成癆症。年三十有八圓寂。時乾隆廿六年十一月廿九日。生於雍正二年甲辰十二月十六日亥時。附唯庵師之墓葬焉。

理齋禪師 第十四世

我師號理齋名正初。巨庵師之徒也。本邑陳氏子。天資樸茂有古人風。居寺中不涉他事。惟勤力作。自有我師。而種不違時。收無失候。山無遺薪。野無滯穗。園圃無滋蔓而荒蕪者。然嘗自以爲無功德。噫。凡巨刹中。苟無若我師其人。亦誰能安居面壁也哉。則我師功德正不少矣。且嘗聞之勞則善心生。我師終世勤勞。無時間斷。則其善心亦無時間斷。佛之道以善爲宗。若我師者。眞可謂佛之徒也。享年五十有三歲。生於康熙壬寅十一月初一日卯時。卒於乾隆甲午年八月初九日申時。葬天王殿東竹園裡。

敏庵禪師 第十五世

師名覺性。號敏庵。理齋師之徒也。本邑王氏子。八歲出家。端閭有度。習精內典。接辦事務經理有條先修大殿重建天王殿法堂及廂樓新裝主佛羅漢四天王併石座傍座菩薩滿堂裝金妙相莊嚴適殊舊觀改修照池續置齋田遷鐘樓於青龍首建鼓樓於白虎邊東客堂西禪堂厨房齋樓廊廡餘屋皆師所改造寺內之事畢舉矣見樊公慶安庶來三大橋師獨任營修又青林渡當南北之衝為鄞慈交界往來人衆每有驚風駭浪飄溺之患師捐田九畝餘年逢清明十月照兩期放醮以保安瀾情恐不能垂遠

呈詞縣主鍾公。批示嚴禁。以杜變廢。嘉慶戊辰
年徐嗣林等。呈控糧厯此田棄遠就近移縣定
案。師勞於外。而施及幽冥者。蓋揭西來之本意
而出所以達之者也。且以僧之爲義。志欲紹隆
[illegible]宮宇無異觀。唯世尊殿。坍塌年久。毫無產業
無僧接住。里人胡志尹等。邀師兼管。師重新大
殿。並起廊屋。一旦金壁輝煌。使頹宇敗垣儼成
巨刹。撥歸寺田共新置產數拾畝。永奉香火。蟹
浦息雲寺。山門年遠。無力折修師出費營造告

峻。鎮邑鳳浦湖地方。以建下院。暫貯齋租保國
雖古刹。向無成志。創修興廢之跡。宗支傳序之
美。將日就湮沒。師網羅散佚。考訂舊聞。徵諸圖
譜。勒成寺志。師之勤施內外。集成先後者。固幹
事之才。實邁等倫。而從容得理。樂善好施。亦可
見其自得者深耶。乾隆四十五年。縣主王公舉
師戒行端方。堪充僧會。嘉慶七年。師開方丈。說
大戒。四種求戒弟子。五十三人。聞風踴躍。師雙
親早逝。零丁出家。念切劬勞。悲深風木。其師太

祖常和尚愍其孝且念其常住有功許續積身資買祀田二畝零歸族兄弟承辦祭祀則所以感動于人者有在也師久嘆天童法堂於乾隆二十一年間已廢師有志未成於嘉慶巳歲起工苦行勞神數載不倦於辛未年重建主席方丈兼修餘屋繼密祖之宗風行山翁之法令也師生於乾隆戊辰（一七〇八）年四月十五日辰時預爲壽藏於山下平田石柱左方

永齋禪師第十六世

師名廣遠。號永齋。敏庵師之徒也。本邑王氏子。生於乾隆甲申年三月廿一日未時。八歲出家。樸實厚重。有功於寺。有信於人。不辭勤勞。甘於淡泊。凡敏庵師之振興禪門。闡揚教法。利濟於人之事。無不竭力贊襄。亦三寶中大有爲之人也。附壽藏於敏庵師之右。

剎向無成志凡修造興廢之跡宗支傳序之美將已就湮没師網羅散佚考訂舊聞徵諸圖譜勒成寺志乾隆四十五年縣主王公舉師戒行端方堪充僧會嘉慶七年師開方丈説大戒四種求戒弟子五十三人聞風踴躍師雙親早逝零丁出家念切劬勞悲深風木其師太祖常和尚憫其孝且念其常住有功許續積身資置祀田三畝零歸族兄弟承辦祭祀其所以報親恩者即於報佛恩之中見之是師之勞於本寺者

敏菴禪師行述

師名覺性號敏菴理齋師之徒也本邑王氏子八歲出家端嚴有度精習內典接辦事務秩然有條其於本寺先修大殿次建天王殿以至法堂及廂樓裝主佛羅漢四天王併石座傍座菩薩滿堂裝金妙相莊嚴迥殊舊觀遷鐘樓於青龍首建鼓樓於白虎邊東客堂西禪堂廚房齋樓廊廡餘屋一一畋造修浚照池續置齋田鎮邑鳳浦湖地方剏建下院暫貯齋祖保國雖古

如此至於近境見樊公夔安庶來三大橋圮壞
師獨任管修又青林渡當南北之衝爲鄞慈交
界往来人衆每有風浪飄溺之患師捐田九畝
餘年逢清明十月朝两期放餤以保安瀾復恐
不能垂遠呈詞縣主鍾公批示嚴禁以杜變廢
嘉慶戊辰年徐嗣林等呈控糧廳此田棄遠就
近移縣定案又靈山欈世尊殿坍塌年久毫無
產業無僧接住里人胡志尹等邀師兼晉師重
新大殿並起廊屋一旦金碧輝煌使頹宇敗垣

儼成巨剎櫞歸寺田共新置產数十畝永奉香火此師之勞於近處而施及幽冥者也且於遠方蟹浦息雲寺山門傾頹已久無力拆修師出費營造告竣師久嘆天童法堂於乾隆二十一年間已廢師有志未成於嘉慶巳巳歲起工苦形勞神数載不倦至壬申年落成主席方丈三載傳戒三次重建大厨房小厨房及圊肆洵推繼密祖之宗風循山翁之法令者也壬申九月中偶染徵疾後臨戒期尚未痊愈登堂說戒譚

諱如無疾然至臈月初六日忽告象曰余事已
畢不可久留諺云樹高千丈葉落歸根爰命徒
象隨歸本寺方丈初七日黎明示象曰爾等當
勤行精進無忘我命我行矣奄然跏趺而逝時
嘉慶十七年十二月初七日卯時師生於乾隆
戊辰年四月十五日辰時葬於山下平田石柱
右方
嗣徒廣遠稽顙謹述
賜進士出身翰林院庶吉士張葆塤譔

諸友輓詩

費丙章

闡教靈山道力充風花捲影太悤悤寺承東漢傳燈在願了西来寶筏空幾縷香雲餘卍字千秋明月證禪功他年倘作高僧傳知是生公是遠公

曾賛尚書作叙才雄歆還待阿咸来如椽有志纔名刹住錫無心竟夜臺三寶重看宗響振千倉都是福田裁從今證果龍華會歡喜諸天我自哀

任于宗

曾叩禪扃訪導師恰逢飛錫出山時壁間喜見高閑
筆篋裏難酬支遁辭示疾由来原不死生天何事更
相疑未除積習餘文字今日重来一悵思
太白山前講席開談空舌底起風雷重瞻樓閣華嚴
現爲供伊蒲選勝来携舄忽聞回鷲嶺然燈誰復照
泉臺惟留心印傳初地法嗣森森盡異材
姚敉讓
訂交方幸得蓮池誰料西歸令我悲六十年来直夢
幻三千世界永拋離心傳澄照無纖染法紹慈航憫

象癡到院不逢惆悵久只留明月透空帷

邵　棠

釋道相持意豁然半由人事半由天鍊丹趺坐多遺俗洗鉢談經不計年功並法師彌足仰妙通玄術愈堪傳山中德士今何在兩岸溪聲咽杜鵑

汪　忱

山樓高鎖紫雲深手散天花香滿林不是孫公曾說法如何遍地布黃金

拈花微笑悟前因磊落光明自在身回首經臺人寂

寂松風蕉甫更誰粼

禪宗何處得眞詮兀坐蒲團六十年應是圖澄通變
化重來震旦續前緣　　　　　　　　　　　　卲　烈
始信高蹤不可攀一朝携履謝塵寰閒雲自是歸天
竺法雨猶霑驃騎山　　　　　　　　　　　王　浩
驃騎峯迴逈絶塵白雲深處寄閒身傳將衣鉢禪門
古種遍旃檀化國春半壁圖書徵慧業一溪烟水養

天真而今選佛場中去圓澤應霑法雨勻

王浚

頻叅玉版聽談禪座上蓮花朵朵鮮片石三生窺色相清風一榻了因緣雲歸西極光都掩社散東林迹可憐剩有圖書遺篋在幾番展閱意淒然

姚雲

火裡蓮花更馥芬我師疇昔示殷勤爲求靈慧親宏覺欲洗塵埃望密雲翠竹何曾編寶筏蒼松徒見覆荒墳於今丈室依然在弟子神傷法未聞

三

心印承承如大梅我師衣鉢自公來萬工池畔菩提樹太白峯前明鏡臺迷障昔年猶望啟火蓮今後莫由開密雲雖逝山翁在藉此金繩洗俗埃

洪清暉

爲逢出世大因由拋却繁華物外遊漫道吾師塵事畢誰知古鄮法緣愁從今永入三摩地自此竟歸長夜樓欲睹慈容何處覔依稀常現白雲頭

徒廣遠

元孫仁濟

日夜悲深淚滿衣飄飄隻履向西歸雖然遺像傳燈
在對我無言何所依
有時夢裡見清光醒後無踪更自傷欲向丈前諮法
語何由身到白雲鄉
来孫乾一
六十年来夢幻真不期揮手謝紅塵從今丈室空獅
吼自此靈臺何處親漫道禪燈寒照雨那堪明月冷
侵人悠悠跨鶴西歸去長使来孫淚滿巾

保国寺志

嚴吉士

惟師降世有來由種果迴輪德性優甬水慈航蒙濟渡名山勝刹賴經猷少時早悟拈花意晚歲彌精面壁脩方丈會中嚴法戒咸欽教語足長留

四明延慶講寺萬年簿

庚子夏初連登題

《四明延慶講寺萬年簿》是靜安和尚、亦幻和尚等重興延慶寺時所編文獻，採用新簿集對地基圖、法規、產業、建設、功德、經濟、寺志等幾項一一登載，以明後來人、希冀光大祖庭。四明延慶講寺為天臺十七祖四明知禮所創建，是北宋中興天臺教觀之道場。靜安和尚民國二十三年（一九三四）住持延慶寺，為中興道法而舉措有方。依據法智大師五德之遺訓訂立重興延慶寺萬年規約九條，置於萬年簿第一項。又厘定一寺經濟，修整寺院建築，收回東側寺基，疏浚日湖，改建道路，環築圍牆等，相關批文公函、往來文書收録於萬年簿第三項建設中。民國三十年（一九四一）冬靜安和尚心力漸衰還歸天臺，監院亦幻和尚繼起而堅守祖庭，完成萬年簿編輯並請序於張聖慧、趙百辛及芝峰法師，後敬録萬年簿正副兩冊。栖心圖書館館藏本《四明延慶講寺萬年簿》即民國三十一年（一九四二）鈔本之副冊，版式：框高一七點八釐米，寬一九點八釐米，半頁一八行，行字不等，隱邊格。鈐有「大池居士」「之之齋藏」「四明延慶講寺圖書」「亦幻之印」印。

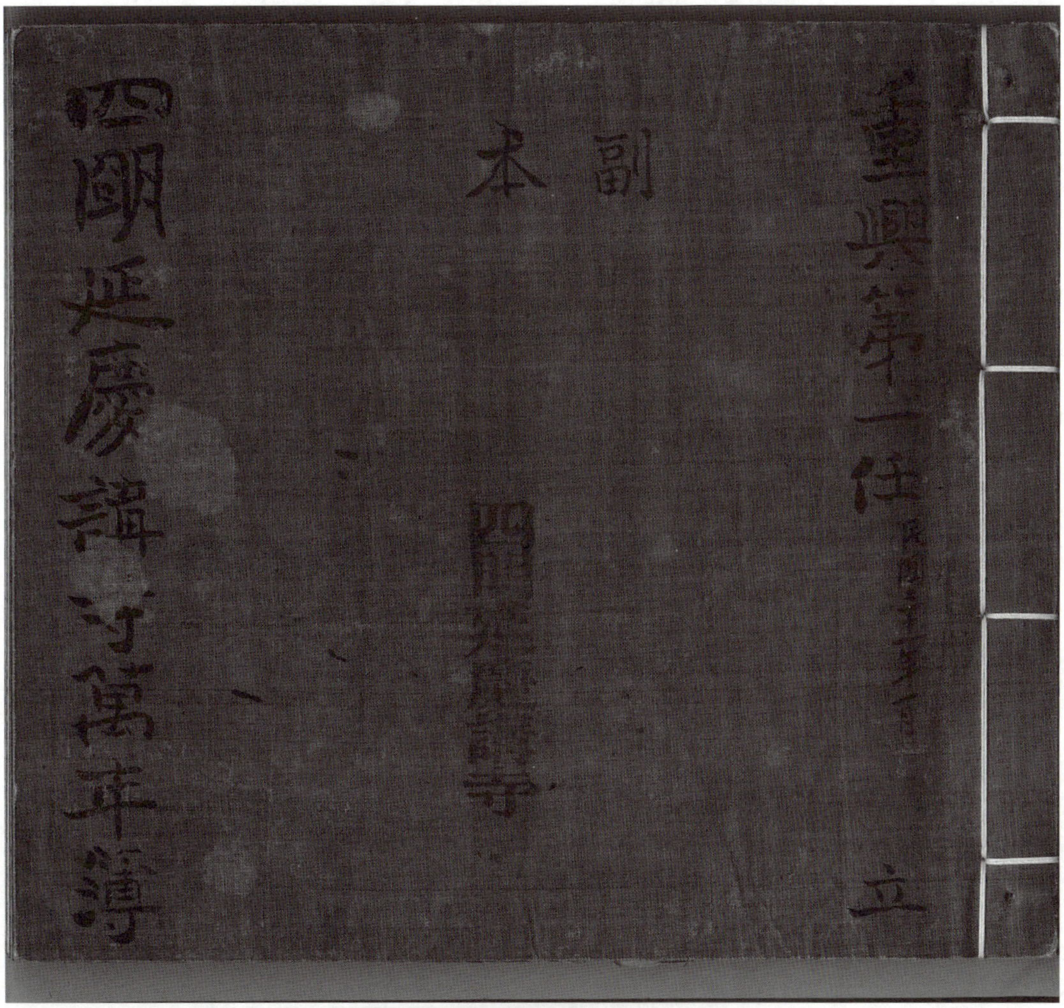
四明延慶講寺萬年簿
副本
重興第一任
立
四明延慶講寺

民初王晉卿爲賓甫爲京師法源寺撰寺誌其綱領
1.沿革 2.傳統 3.名蹟 4.大事

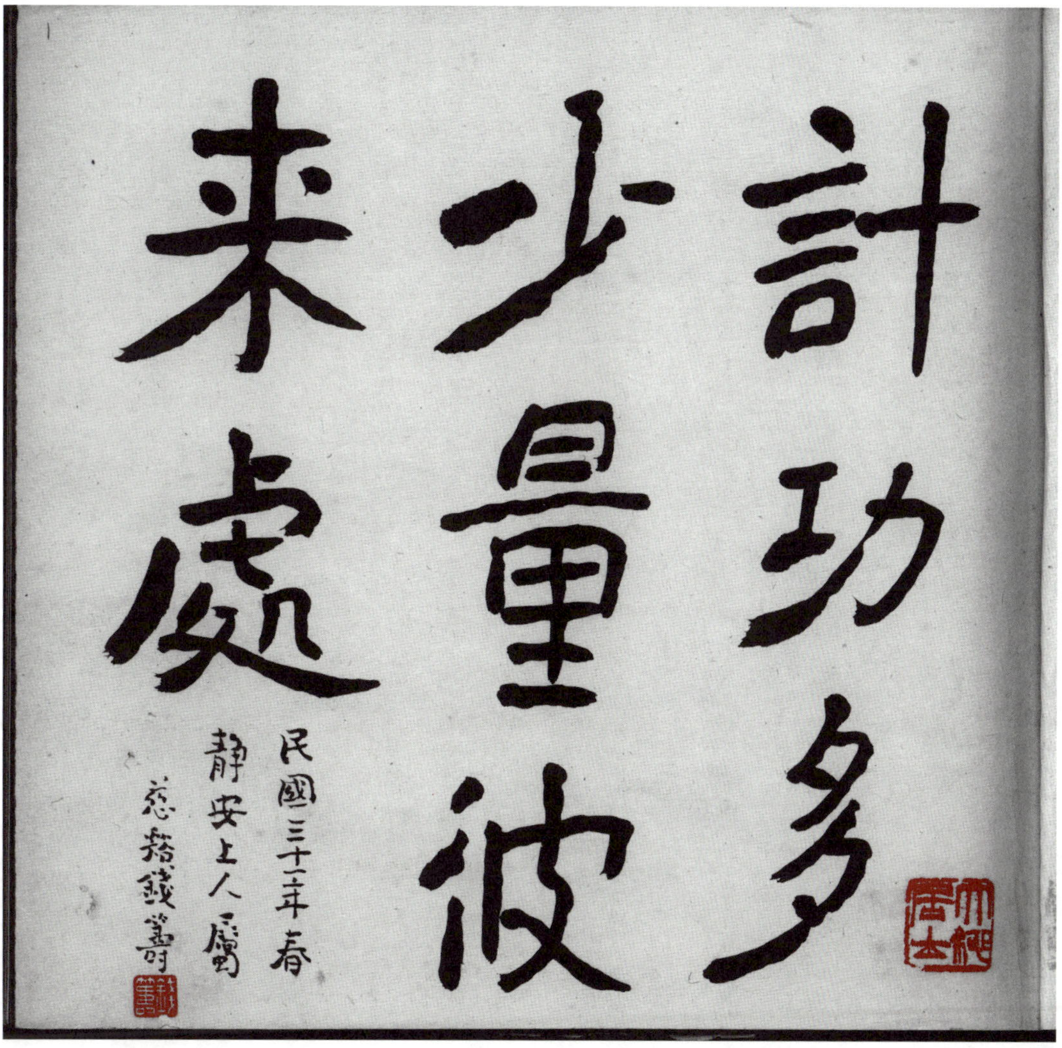
計功多少
量彼來處
民國三十二年春
靜安上人屬
慈谿錢壽

本寺諸祖文獻考略

諦玄 錄

公元	干支	年號	事蹟
960	庚申	宋太祖建隆元年	知禮生鄞縣金氏家
979	己卯	宋太宗 太平興國四年	知礼從義通學天台宗
991	辛卯	淳化二年	知礼住四明乾符寺西偏小院 四年而遷保恩院
1000	庚子	宋真宗 咸平三年	知礼修請觀音三昧
1002	壬寅	咸平五年	知礼歸天台東山造無量壽佛像並修念佛三昧 年譜阙載
1003	癸卯	咸平六年	知礼答日僧寂照泉信台教二十七條疑義
1004	甲辰	景德元年	知礼撰十不二門指要鈔 二卷
1006	丙午	景德三年	知礼作十義書與慶昭 為天台山內外之分

1007	丁未	景德四年	知礼作觀心二百問授本如賫往錢唐梵天寺与慶昭面諭慶昭答十全義書致知礼
1010	庚戌	大中祥符三年	知礼住四明保恩院永為十方常住講天台教觀當年十月詔四明保恩院賜額延慶院
1011	辛亥	大中祥符四年	詔四明延慶院聖旨永為十方傳教住持
1012	壬子	大中祥符五年	知礼於十方傳教住持作戒誓辭
1013	癸丑	大中祥符六年	知礼於四明延慶院立念佛施戒會
1014	甲寅	大中祥符七年	知礼撰觀經融心解一卷
1017	丁巳	天禧元年	知礼結十僧修法華懺立誓焚身帝賜知礼紫袈衣出衣天台教典令李夷有四千六百千乌於東掖山建教藏閣
1020	庚申	天禧四年	知礼賜號法智大师

1031 辛酉 天禧五年

1023 1023 癸亥 宋仁宗 天聖元年

1025 乙丑 天聖三年

1027 丁卯 天聖五年

下接政和 1028 戊辰 天聖六年

應排建炎下 1132 壬子 宋高宗 紹興二年

知礼著觀音玄義四卷觀經妙宗
鈔六卷法華懺法修懺要旨一卷
知礼與子凝論達摩門下
三人得道之深淺
知礼答清泰佛法十問
知礼撰光明玄義拾遺記二卷
知礼以開懺試問四十二章
考試門子徒
知礼奏請杭州西湖永為放生池
並修生會四明延慶院立
放生池碑
知礼撰光明文句記六卷
天台十七祖知礼圓寂壽六九
廣智徒承法亂
四明延慶寺建十六觀堂

公元	干支	年號	事項
1114	甲午	宋徽宗 政和四年	梵光住四明延慶院（右排天聖下）
~~1127~~ 1130	~~丁未~~ 庚戌	宋高宗 南宋 建炎~~元~~四年	四明延慶院燬於金兵（右排政和下）
1144	甲子	紹興十四年	四明延慶院賜額延慶寺
1160	庚辰	紹興三十年	四明延慶寺修九会念佛法门
1167	丁亥	宋孝宗 乾道三年	高僧道因住延慶寺
1180	庚子	淳熙七年	可觀住四明延慶寺弘天台宗 著山家義苑楞嚴説題 竹庵錄
1195	乙卯	宋寧宗 慶元元年	宗曉編四明教行錄八卷 集 邦文類五卷

1585

1342 壬午 元順帝 元 至正二年

智印重建延慶寺大殿

1585 乙酉 明神宗 萬曆十三年

德高復興明延慶寺

1837 丁酉 清宣宗 道光十七年

緣材住持本寺

九年重建延慶寺大殿

1904 甲辰 清德宗 光緒三十年

住持法會請大藏經

張序

尊者須菩提讚佛曰、希有世尊、如來善護念諸菩
薩、善咐囑諸菩薩、善護念者、爲欲得人以續慧命、
善咐囑者、以佛家業有所付託、故凡荷擔阿耨多羅三
藐三菩提者、莫不以興叢林振法道爲首務之急、且也
以揚岐燈光、歷劫常新、而賓盡薰味、至今猶辣也、
四明延慶寺監院亦幻上人、以博雅之通材、精究五明、出
其餘緒、恢擴法智大師道場、經營慘淡、夷險一節、不
數年而纖塵復歸爲淨土、瓦礫漸成爲寶坊、非所
謂爲如來所護念所咐囑之菩薩者歟、不然、何其竟
能不動聲色而措祖庭於磐石之安哉、況法智爲天
台智者大師十五世嫡孫、而智者尤爲吾國大乘佛
法之宗主、則上人之心光願力有所寄託、而功亦不唐捐矣、
善乎梁敬之之言曰、佛法以天台爲司南、柳子厚曰、佛法
愈遠、異端競起、惟天台得其傳、蓋自金色頭陀悟
拈花微旨於靈山會上、百萬人天同時印證、十三傳至
龍樹尊者、去佛漸遠、小乘紛拏、婆羅門內訌、尊
者爲摧邪輔正、故撰大無畏論十萬偈、以明中觀第一

義諦、傳譯家。旦北齊慧文讀至大品偈頌，頓悟一心三
智之旨，依文立觀，以授南嶽慧思，慧思修之，得淨六
根，以授天台智者，智者用之，得悟入法華三昧，開拓
義門，成一家言，復判釋迦一代時教，約為五時，開成八
教，綜覈羣籍，歸宗法華，兼演繹止觀法門，以
說自證聖智，始終條例，金聲玉振，蔚為吾國佛法
之泰斗，而他宗亦得附麗景從，卒著叢展矣。鼂說
之曰：推尊而贊之者，曰南山律師、韶壽諸師；宏而
敢證者，永嘉真覺；異途而不敢不讚者，賢首藏師；救
玄而竊用其義者，清涼觀師；公為同異而自立己
意者，慈恩基師。由是觀之，則天台宗之興廢，有關於
吾國大乘佛法法運之通塞者，彰彰明焉。自後傳智
者之學者，為章安，安傳法華，華傳天宮，宮傳左溪，
類能結集遺教，註釋經論，敷揚講習，不墜祖風。
逮左溪末，當時宏宗演教者，或蕩於空，或膠於有，
自病病他，法道淩夷。挺生荊溪，慨然以道以聯祖述
以傳，著金錍、義例、釋籤、輔行等，以闢邪正，俾一家
圓頓之旨，燦然大備，厥功茂矣。繼荊溪宏揚止觀者為

道邃、是時日本最澄闍梨、梯海求法、得邃師記莂、
盡寫一宗論疏以歸、名山為天台、創一刹為傳教、尊
道邃為始祖、東瀛之有傳教、實起於此、後值會昌之
厄、經論散佚、物外元琇清竦諸師、唯宏通止觀而已、至
螺溪寶雲時、賴吳越王力求遺書於海東、而諦觀亦
持教觀卷自高麗來歸、於是台宗大振、而法智中興
實有以資之也、蓋宋法智承寶雲之學、於至道元
年入主四明報恩、長講教觀、學者輻輳、至不能容、
閱十年重建保恩、敕賜寺額曰延慶、師立五德以為
傳院恆規、修法華金光明大悲懺以警懈怠、著指
要鈔扶宗記等以袪群疑、一時渤河東西競以為教
釁者、莫不折衷於大師、蓋當時遺文雖復教義蒙
尚晦、恩清兼業、照圓異議、齊潤外務、淨覺內叛、
微大師高提祖印、彈偏斥小、折服魔外、則天台教義
何得如旭日麗天、光被八表者哉、故其源遠流長、香
火千秋、非幸也、宜也、大師圓寂後、法嗣廣智住持延
慶、道化盛行、繼以神智明智澄照圓辯月堂諸
師、咸遵師訓、不墜家聲、清末民初、延慶日就衰

茲寺產多被侵佔，獅絃幾致絕響。然否極泰來，
理數循環，於甲戌春仲，静安長老來主叢席，
邀上人相与爲理，反侵回，并儭舍補葺，起廢百
務逐新。乃敦請太虛、芝峯諸法師會講法
華，根慧長老修建法華三昧懺法，以繼法
智大師講懺雙修之風。四方學者雲集景從，而聖
慧亦得摳衣負笈，學教於諸法師之門，共沾法雨善
風之樂矣。而比年來軍事驟興，烽火連天，静公
出走，法侶星散，惟亦幻上人困守祖庭，共存亡者
五年於茲。雖屢瀕於危，皆以智免，而延慶卒賴
其力，於劫火猶烈時，魯靈光殿巋然獨存。上人復
恭敬禮請台宗耆舊興慈老法師來主延慶，
以冀光大祖庭，風雲際會，龍象挺生，中興法道，指
日可待矣。法華云：三千大千世界，無有一芥子許非菩
薩捨生命處，爲衆生處。上人竟能心體其意，而力行之，
其爲於來之殷護念，託嗚附也無疑矣。故不辭謫陋，
樂爲之敘述如此。至於延慶規制之沿革，事物之施
設，具載萬年之簿內，不復贅述焉。

中華民國癸未秋日　四明張聖慧薰沐敬序　南塘
比丘輪價書

趙序

四明延慶寺監院幻公以所編寺獻名萬年簿者督序
於蒙既受而浣誦之矣其間規制之因革事物之洪
纖經營拓築之艱難與夫境會之夷險順逆罔不鉅
錫梳剔羅而納之寸簡而師之心光願力亦昭然若揭
於耳目之前吾視之與骨肉鐙殆無以少異也予與
幻公交垂十稔師初主白湖之金仙出其緒餘而金仙之
名雄於慈北幹局明敏善肆應外涉世而中遺物
閑去中了了有心人也予時泊宅雙湖與師南湖之居一
牛鳴地耳蓋無十日不相遇延慶扶衰起廢之功皆予
之所目擊師始終以身相撐拄亦予之所熟知顧不知其
集事之艱心力交瘁遂至於此極也古德有言於鬧不
得處說法於下手不得處用功處艱難中與道進退
若幻公者足以當之矣延慶為法智大師道場以教觀
正天下之趨時人仰之如岱宗華嶽元明以降宗風寖

替中復數奪於禪至清季而益衰過者有屠門酒肆之歎甲戌之春靜安長老來主叢席始毅然以興復祖庭爲己任秉大師五德創立新規宗指既端緇素之歸也雲奔川屬敦延太虛興慈靜寬諸老芝峯上座敷演經疏法筵之盛海內言台宗講肆者首翹一指稱之中間返侵田斥毀舍拾遺舉墜興廢繼絕皆幻公獨任其艱靜公倚之如長城師自視殆如勞薪晨夕兢兢無少息時無寸銖尺帛之積而指麾目運無弗從心訖欲舉昔之所聞於古籍者一一意摹而曲繪之使之不虛於古有以上符祖制而益廓其舊觀程師數歲之功常人畢世爲之或弗能盡其用心之密赴事之勇雖日在師之左右者有不能言其所以然倚其德不倚其能故雖艱若甚裕也迨拓展之功初竟方謀安施庶政舉千年墜典而光之揚之而適值軍興之會烽燧遍地東南諸剎半陸沉矣寺當南湖大道無高山大林之蔽資糧既絕法侶皆星散以盡靜公出遊久不歸寺之政一畀諸師師處危城中日手一編蕭然如退士不忍以垂成之局委爲廢墟榛莽誓以身與寺共存亡

益固墉垣、嚴啟閉、影不離寺者四五年、劫火洞然、師居之若安宅、卒賴其禦侮之力、數更喪亂、無一草一木之傷、經云大火所燒時、我此土安隱、非師之有定心而無驚色、安隱豈易言哉、靜公既遠逝、師乃往叩台宗耆宿興慈長老之門、請以餘力攝持、益大大師之緒、甬之宰官居士亦咸以為請、興公辭不獲、慨然出任中興之責、而延慶之為東方不動國、益無疑矣、夫茲剎之興也、藉王臣外護之力、應願而易為功、若化瓦礫為寶坊、使寶坊不復夷為瓦礫、無尺寸之藉、不隨劫以壞成、則因之之難固難於創、而守之之難尤難於因、茲冊之所書、皆有為之迹而已、而當時智枯慧竭、危疑震撼之狀、有非茲冊之所得而詳、予故不憚而縷書之、使後之賢者、如見師之心光願力、益有以護持光大之也、時中華民國三十一年壬午清明永嘉趙百辛謹序南塘

沙門靜培敬錄

芝序

四明延慶寺、為宋時中興天台教觀法智尊者所創建代

有傳人、元明稍衰、有清斬絶、席奪於臨濟兒孫、民國建
元二十三年春、靜安和尚被選為延慶住持、至三十年冬、歸
還天台宗庭、膺聘首任主席者為台宗尊宿興慈老人、
綜計靜和尚九年來住持期內、為公忘私、悉心盡力之處、
茲舉其弊々大者而言焉、二十六年春、手訂萬年規約、榜
法智尊者住持五德、其第一條標明傳宏天台教觀、修
持淨土法門為宗旨、即奠定歸還天台宗庭之基石一
也、主司出納、採用新簿記、擢定一寺之經濟公開、而絶
噬公肥私之弊二也、修殘補闕、百廢俱舉、使衰頹不堪
之古剎、遽成四方衲子聚集講學之道場三也、收回百餘年
來幾等放棄之東側寺基、開拓馬路、環築圍墻、卸除泯
丐叢聚之卑屋、壅塞閙雜出入之小道、用新瞻觀、而莊
嚴法宇四也、捨臨濟數傳之剎、歸還於天台宗庭、懇請
興慈老人以恢復天台法統、不使法門宗緒、有所紊亂五
也、計九年期內、前述五項為初四年所完成之任務、後五
年悉在四郊代鼓聲中、雖欲踵事增華、志有不逮、而
靜和尚心力亦衰矣、三十年冬、代表靜和尚移交者亦
幻法師、托人携其手編重興第一任延慶萬年簿、囑

8

余序之、自愧不文、烏足以誇之、唯回顧靜和尚進住之初、余与師分任寺務、而余在寺之日少、負輔助之全責者集於師一身、尤以四五年來、靜和尚以事羈姑蘇、而余則寄食滬瀆、危城風雨、刹竿垂倒、繫之于師而已、至誠者能感人、與老人之所以慨然允諾肩任斯席者、實有感於師堅苦卓絕之精神所致、故余雖欲不言、亦不能已於言也、此後延慶山門、重欣輝煌、衡嶽宗乘、益將綿遠、茲略紀其本末、庶幾後之覽者悉所自來、語云始由蹊徑終履康莊、願我同袍共勉之、民國三十年夏曆十二月二十日本山首座芝峯謹序于上海西竺寺

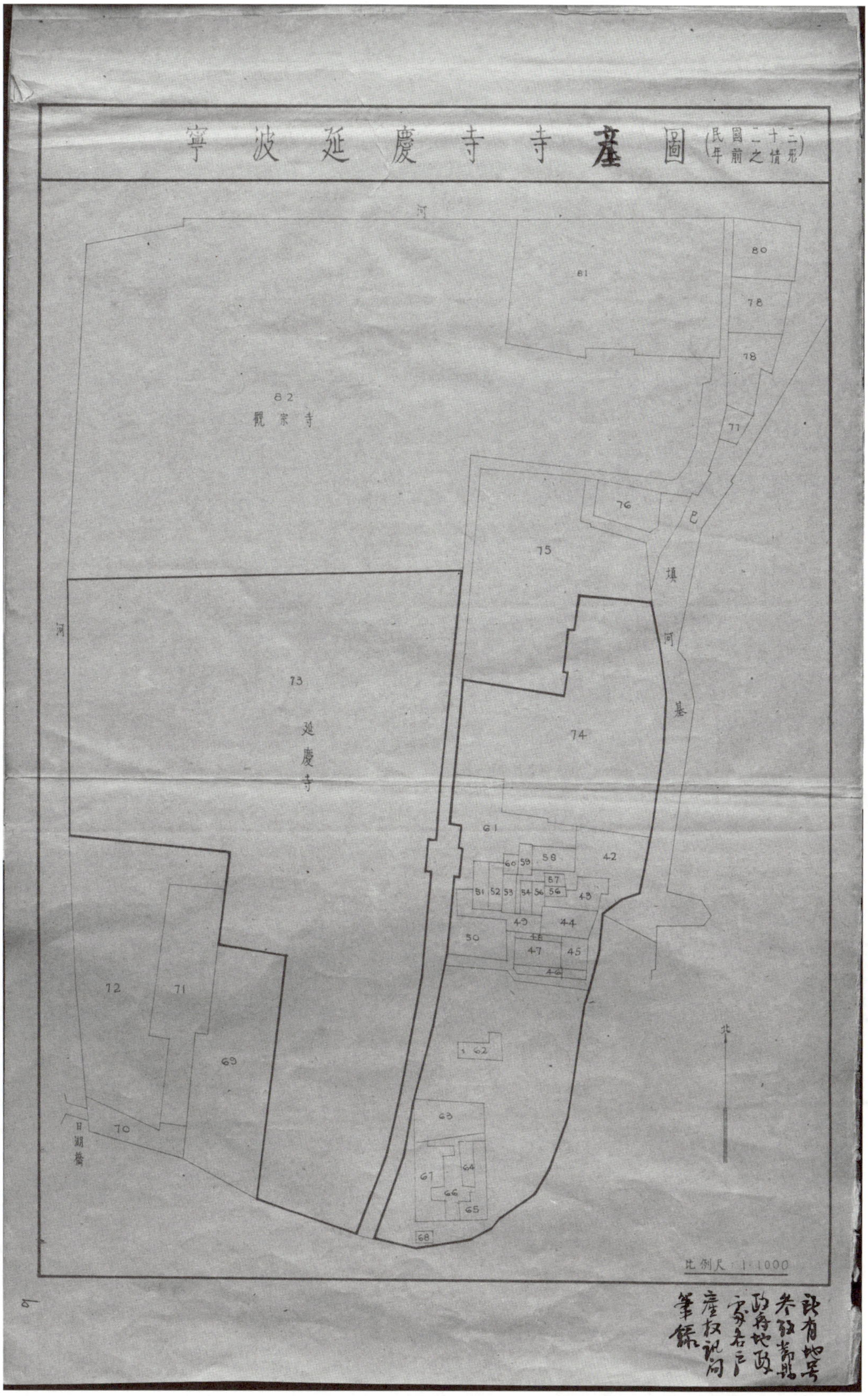
寧波延慶寺寺產圖
(民國二十三年前之情形)
河
82
觀宗寺
81
80
78
78
77
76
75
已填河基
河
73
延慶寺
74
61
42
60 59 58
57
51 52 53 54 56 55
43
49 44
50
47 45
46
72
71
69
62
63
64
67
66
65
68
70
日湖橋
比例尺：1:1000
該有地号
参閱鄞縣
政府地政
處各户
產权訊問
筆錄

10

No.

民國二十三年前寺東基地被佔情形說明表

地圖號碼	基地畝分	佔有人姓名	備考
四三	一分五厘七毫	徐雲甫	係營房 執有土地所有權證書
四四	一分四厘七毫	鍾合吾（即鍾茂芳）	有漚地 執有官營產執照
四五	一分〇五毫	鍾吾會	係營房
四六	七厘四毫		
四七	一分二厘四毫	徐三林	
四八	四厘		
四九	一分三厘七毫		
五〇乙	二分八厘五毫	竺有土	執有紅契
五一	八厘一毫	陳阿棠	
五二	六厘四毫	竺二有土	執有紅契
五三	四厘九毫	陳阿棠	
五四	四厘六毫	徐雲甫	執有土地所有權證書
五五	三厘三毫	金記	執有官產執照及土地所有權證書
五六	三厘二毫	張金官	
五七	二厘三毫	虞金富	
五八	九厘八毫	虞阿定	
五九	四厘三毫	徐雲甫	執有土地所有權證書
六〇	三厘九毫	陳阿富	
六一	七分二厘	虞阿定	
六二	九厘四毫	尊義閣	
六三	二分八厘四毫	王來富	
六四	五厘七毫	樓寶生	
六五	二分〇八毫	俞貴卿	
六六	一分七厘二毫	俞貴卿	
六七	二分三厘一毫	樓阿炳	
六八	三厘五毫		

中華書局印製

No.

26X25-650

寧波延慶寺寺產圖

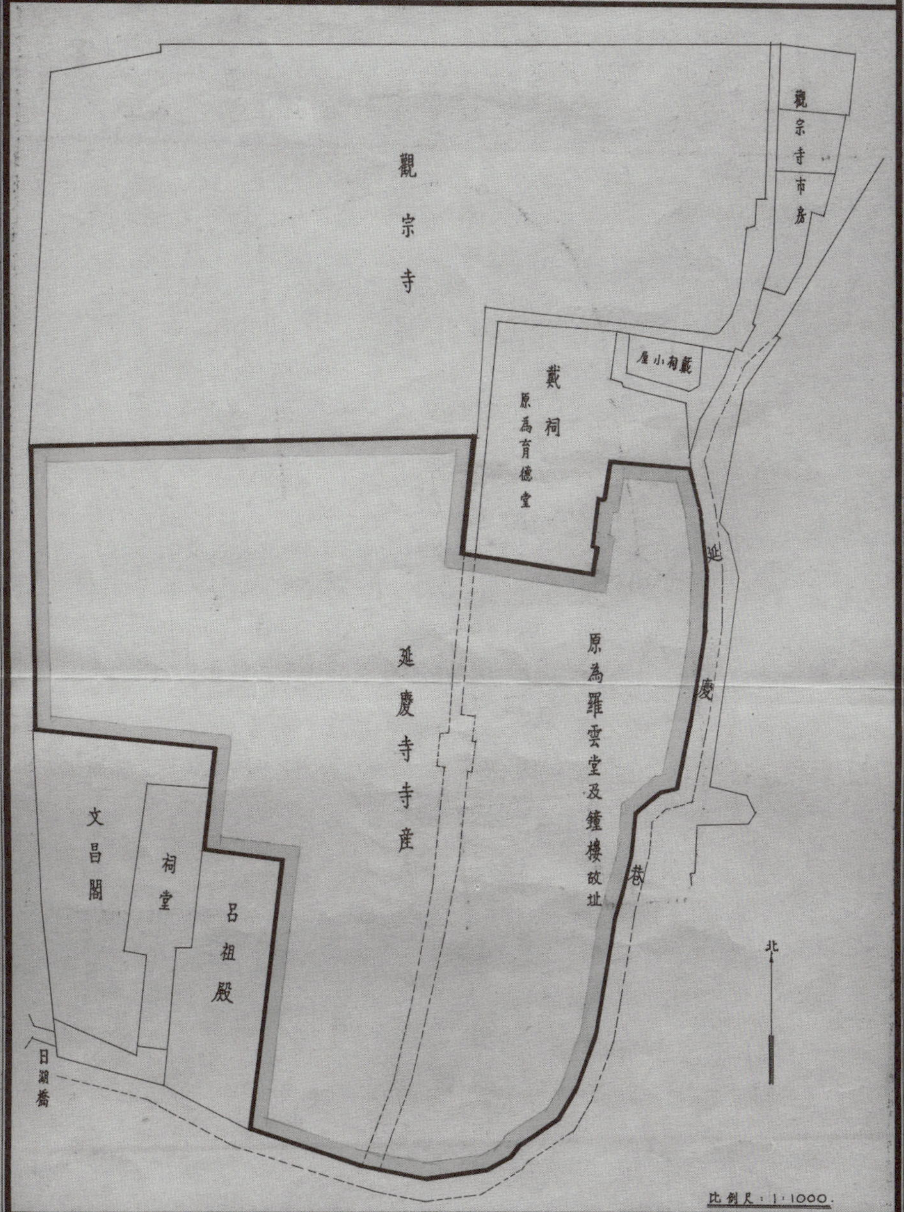

中華民國二十三年有重興本寺之舉斯時也原有寺址僅存西側一部其餘若羅雲堂若鐘樓故址悉為俗家所佔二十四年後經種種週折始克逐一收回並將原有路基填塞另闢新路於東側河基上才成此現狀

亦幻謹誌

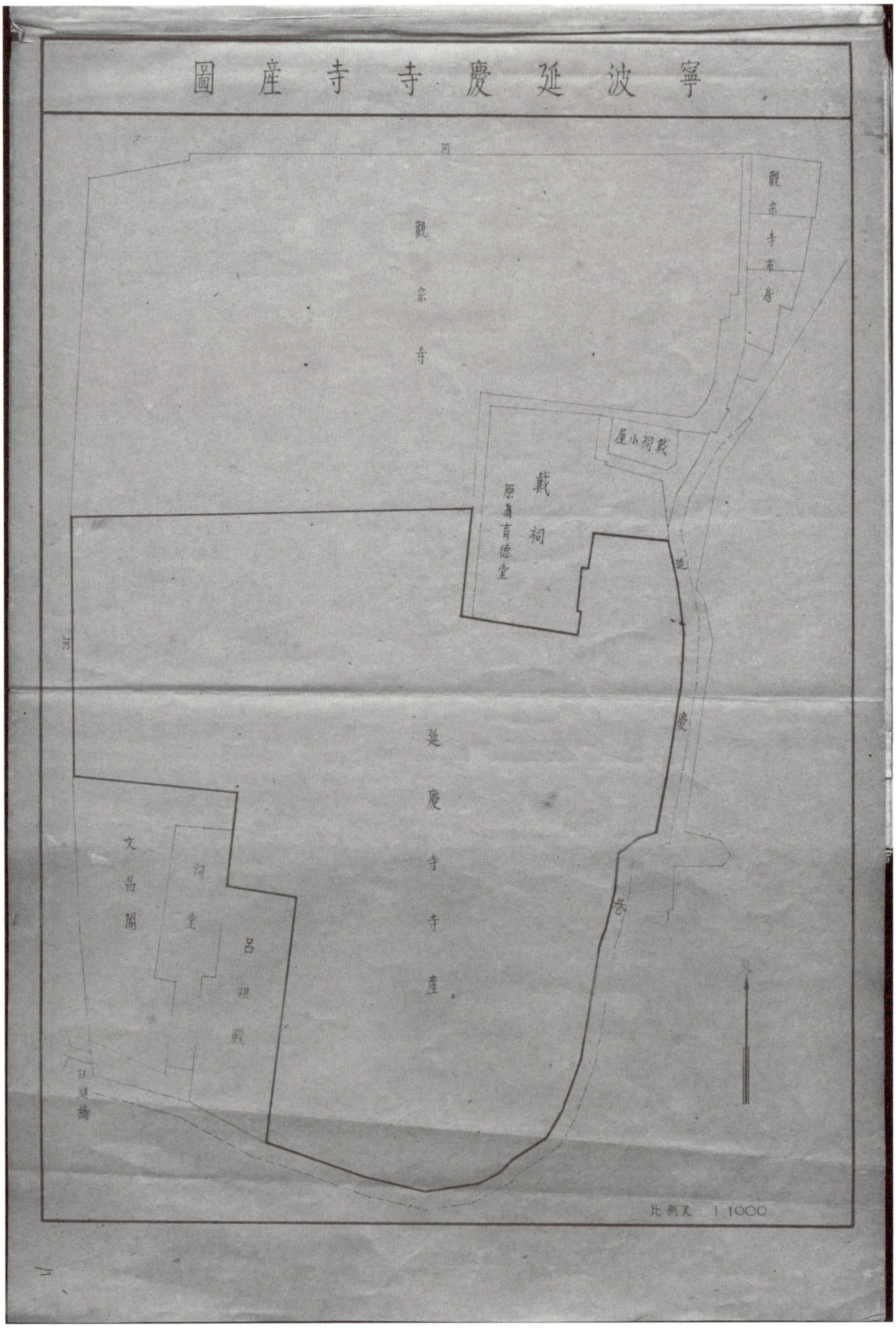
寧波延慶寺寺產圖
河
觀宗寺
觀宗寺市房
戴祠小屋
戴祠
原為育德堂
延慶巷
河
延慶寺寺產
文昌閣
祠堂
呂祖殿
日湖橋
比例尺 1:1000

四明延慶講寺萬年簿目次（本簿共立兩冊）

第一項　法規

重興延慶寺萬年規約　并序

本寺為四明古刹，開物成務，肇基於天台正宗第十七祖法智尊者。寺本名報恩院，於宋大中祥符間重建，真宗賜額延慶，為中興天台教觀道場。尊者誓辭授徒曰：吾始以十方之心受茲住處，逮乎改創，安施棟宇，原為聚學，何敢自私。但吾宗有五德者，咨擇迎迓，吾將授以居之。後後之謀，莫不咸然：一曰舊學天台，勿事兼講；二曰研精覃思，遠於浮偽；三曰戒德有聞，正己待物；四曰克遠榮譽，不屈吾道；五曰辭辯兼美，敢於將導。如古祖誥，吾曹子孫，宜遵守勿渝。恐有不肖之徒，未明祖意，故惹爭端，爰衍九條如下：

一　本寺以傳弘天台教觀，脩持淨土法門為宗旨

一　本寺永為十方僧伽參學叢林，凡堪以造就法器者皆得同住

一　本寺住持一席，關係常住興廢，至重且鉅，務須遴選賢能擔任之。其資格以品學兼優、行解精嚴，堪為僧伽模範，能負住持實責者，得被選之

一　本寺推選住持由當任住持負責召集本寺法派長老興寺中重要首職公開舉行之如住持已因故去席由監院等負責召集之

一　本寺住持任期定爲六年若有成績卓著道俗称揚者得連選連任之

一　本寺財政永遠歸公一切收支依照所訂會計章程辦理按月由庫房造表向各寮公告任何人不得瘦公肥私以重十方常住公款

一　本寺住持對於常住一切行政財產負完全管理責任得受法派長老興曾任現任寺中重要首職之贊襄彈劾監察

一　本寺衰敗數百年得獲中興因緣匪易凡屬僧伽宜各愛護用昌祖庭如有不肖住持以及住眾故存破毀者人得檢舉而擯之

一　本規約經寺務會議通過並分呈黨政佛教會機關備案批准自公佈日起施行用垂永遠

中華民國二十六年二月十五日住持靜安暨兩序大眾共訂

附錄一　呈文

2

呈為呈請備案仰祈鑒核事竊查敝寺為四明古刹之
一本名報恩院宋大中祥符間法智大師建立道場招
納十方學侶傳弘天台教法真宗賜額延慶道風所
播盛極一時但自明清以降宗風凌替規模漸失民
國肇興住持失人大都不明寺產公共之性質便為
私有任意處分四週房屋隙地泰半為地民佔去內
部窳敗情形尤難諱言 靜安自念三年春月謬承十
方推舉擔任住持以來即努力於寺規之整頓寺宇之
修葺以及被佔寺基之收回債務之清理三年以來凡
此諸端雖未臻於完善之境幸已漸奠鞏固之基惟恐
以後住持未能盡責有隳既成之業並負十方檀護
之心曾經召集寺中兩序大眾一本我祖法智大師立
德之遠訓議訂重興延慶寺萬年規約九條製額懸
示以垂永久庶幾來者有所遵循寺基不致動搖而
求諸道風之提高事業之進展自不難有條備之可
俟也茲將是項規約錄呈鈞覽仰祈准予備案以昭
鄭重實為公便謹呈
鄞縣縣黨部 鄞縣縣政府 鄞縣佛教會

計坿重興延慶寺萬年規約一份

延慶寺住持靜安謹具

中華民國二十五年十二月二十九日

一、縣黨部通知書民字第一〇六號　案據該住持呈送重興延慶寺萬年規約請求鑒核備案等情前來已悉件存此復

右通知

延慶寺住持靜安

常務委員吳則民

中華民國二十六年一月十四日

二、縣政府批示第〣〢〧號　批原具呈人延慶寺住持靜安

二十六年一月十六日呈一件為呈送重興延慶寺萬年規約九條仰祈核備由呈暨萬年規約均悉准予備案仰即知照約存此批

縣長陳寶麟

中華民國二十六年一月二十日

坿錄二　公函

14
3

敬啓者 敝寺 為四明古剎之一本名報恩院宋大中祥符
間法智大師建立道場招納十方學僧傳弘天台教法真
宗賜額延慶道風所播盛極一時但自明清以降宗風凌
替規模漸失民國肇興住持失人大都不明寺產公
共之性質侵為私有任意處分四週房屋隙地泰半
為地民佔去內部窳敗情形尤難諱言 靜安自念三
年春月謬承十方推舉擔任住持以來即努力於寺
規之整頓寺宇之脩葺以及被佔寺基之收回債務之
清理三年以來凡此諸端雖未臻於完善之境幸已漸
奠鞏固之基惟恐以後住持未能盡責有隳既成之業
並負十方檀護之心曾經召集寺中兩序大眾一本我
祖法智大師五德之遺訓議訂重興延慶寺萬年規約
九條製額懸示以垂永久庶幾來者有所遵循寺基不
致動搖而求諸道風之提高事業之進展自不難有餘
緒之可繩也除將是項規約呈請 鄞縣縣黨部 鄞縣
縣政府 鄞縣佛教會鑒核准予備案外相應函達仰希
察照證明為荷 此致

附重興延慶寺萬年規約一份

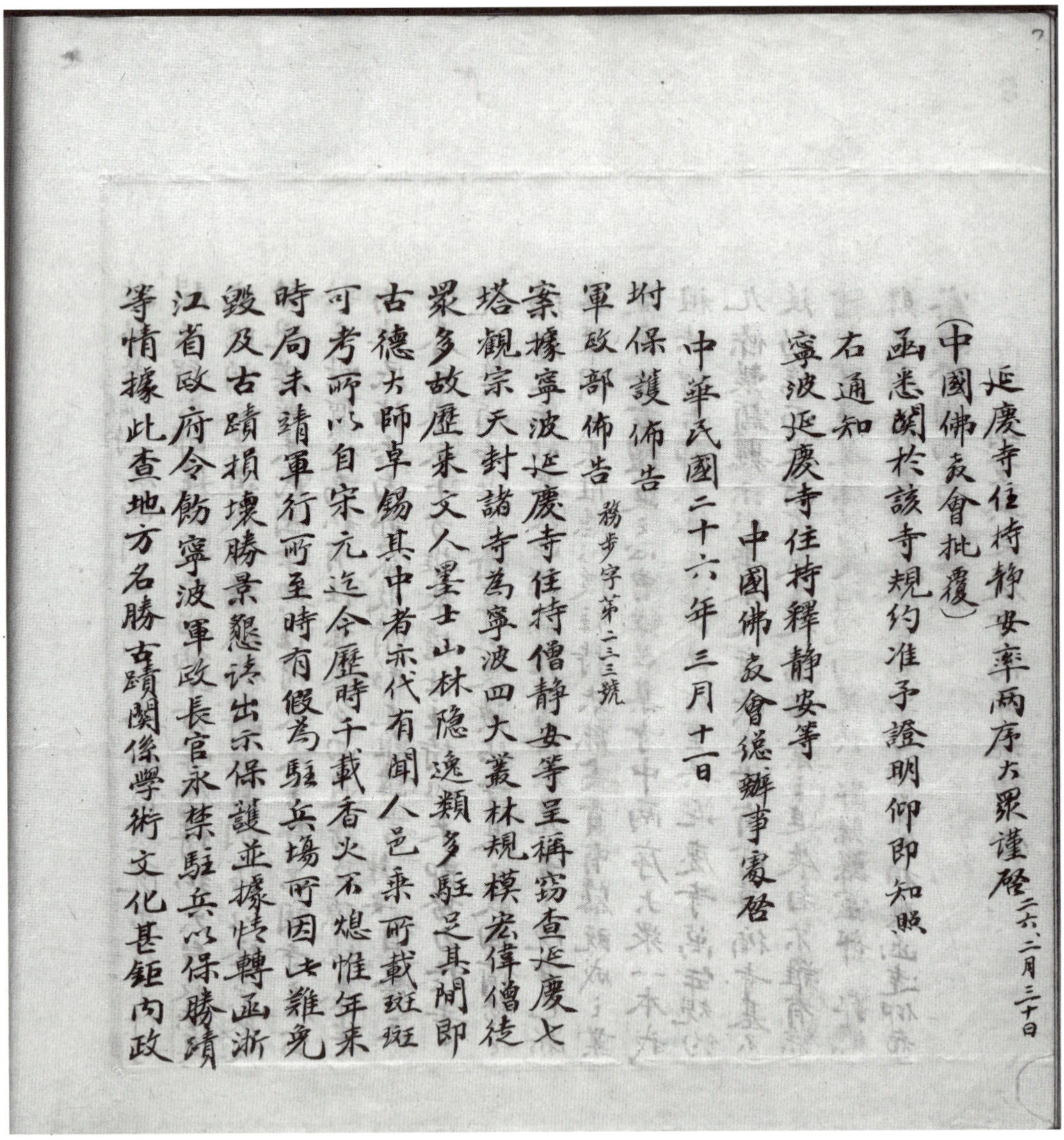
延慶寺住持静安率兩序大衆謹啓二六、二月三十日
（中國佛教會批覆）
函悉關於該寺規约准予證明仰即知照
右通知
寧波延慶寺住持釋静安等
中國佛教會總辦事處啓
中華民國二十六年三月十一日
坿保護佈告
軍政部佈告 務步字第二三三號
案據寧波延慶寺住持僧静安等呈稱竊查延慶七
塔觀宗天封諸寺為寧波四大叢林規模宏偉僧徒
衆多故歷来文人墨士山林隱逸類多駐足其間即
古德大師卓錫其中者亦代有聞人邑乘所載斑斑
可考所以自宋元迄今歷時千載香火不熄惟年来
時局未靖軍行所至時有假為駐兵塲所因之難免
毀及古蹟損壞勝景懇請出示保護並據情轉函浙
江省政府令飭寧波軍政長官永禁駐兵以保勝蹟
等情據此查地方名勝古蹟關係學術文化甚鉅内政

15

4

部曾制定名勝古蹟古物保存條例内政会議復議定整理辦法通行各省市一體遵行在案該延慶等寺爲寧波四大叢林歷史久遠自應予以保護用重古蹟除據情咨行浙江省政府查照辦理外合行布告示禁嗣後無論何項軍隊不得再行駐紮致干查究特此

布告

中華民國二十三年四月　日

部　長　何應欽

常務次長　曾浩森　代行

軍政部批　務步字第[illegible]號

具呈人寧波延慶寺僧靜安等

呈一件爲請求保存古蹟名勝令飭所屬永禁駐兵由

呈悉准予佈告示禁並咨行浙江省政府查照辦理此批佈告隨發

計發佈告四紙

中華民國廿三年四月廿五日

部　長何應欽

常務次長曾浩森代行

第二項 產業

甲、田畝

一、東鄉之部

1、種戶陳紅桃 計田五畝 分三丘

a、丘二畝 四至未詳（土名新橋頭）

b、丘一畝五分 四至未詳（土名新橋頭）

c、丘一畝五分 四至未詳（土名新橋頭）

2、種戶陳長茂 計田三畝（住後洋版地方）

a、丘 四至未詳（土名五埭）

（右坐落鄞縣第十區塩場鄉水墩頭地方）

3、種戶傅全芳 計田四畝五分 分二丘

a、丘 四至未詳（此田秧田下沈家可查）

b、丘 四至未詳（此田秧田下沈家可查）

（右坐落傅家站地方）

4、種戶沈有香 計田五畝

a、丘 四至未詳（土名長漕）

（右坐落秧田下沈家地方）

5、種戶沈寶財 計田五畝二分（據云二分做坟基）

16

5

a、卄　四至未詳（土名邱家橋）
（右坐落秋田下沈家地方）
6、種戶張阿華　計田二畝
a、卄　四至未詳（土名　　）
（右坐落張街後漕地方）
7、種戶大榮、計田二畝
a、卄　四至未詳（土名乱倒橋河沿）
（右坐落張家後漕地方）
如上共計大業二十六畝七分
二、南鄉之部
1、種戶朱昌生　計田十三畝九分 分六卄（据云三分已做汽車路）
a、卄　三畝六分　東至本寺田　南至本寺田　西至本寺田　北至汽車路
b、卄　二畝七分　東至本寺田　南至本寺田　西至朱姓田　北至車頭河
c、卄　二畝二分　東至朱姓田　南至朱姓高坎　西至朱姓　北至本寺田
d、卄　二畝　東至朱姓　南至李姓　西至李姓　北至李姓
e、卄　二畝二分　四至未詳（土名壩下）
f、卄　一畝二分　東至本寺田　南至本寺　西至本寺　北至朱姓
2、種戶朱興楊　計田三畝一分 分二卄

a、卄 二畝八分 東至張姓 西至李姓 四至未详 南至坟灘 北至李張姓（土名裏坟灘）
b、卄 三分

3、種户朱崇鶴 會田計二畝四分
a、卄 東至孝房田 西至朱姓 南至朱姓 北至孝房（土名張堡岸）

4、種户朱孝房 計田一畝一分
a、卄 四至未详（土名張江沿）

（右坐落鄞縣第六區横、漲橋北渡朱家直地方）

5、種户鄭阿品 計田六畝
a、卄 四至未详（土名漲灘）

（右坐落烏郎西鄭地方）

如上共計大業二十六畝五分

綜合兩鄉大業民田五十三畝二分

（說明）田畝參核租簿、上列種户小業者每年略有改動、大抵向原種户可詢、

今將上列田畝種户立表如次

佃户	數量	鄉別	坐落	土名	備註
陳紅桃	五	東	鄞縣第十區塩場鄉水斅頭	新橋頭	此户改為周小青分三卄
陳長㷃	三	東	仝	五塊	此户改為俞蛟龍
傅全芳	四、五	東	傅家站		此户改為朱興才分二卄

617

沈有香	五	東	秧田下沈家	長漕	
沈寶財	五、二	東	仝	邱家橋	据云二分做坟基
張阿華	二	東	張街後漕		此戶改為張来富
何大榮	二	東	張家後漕	乱倒橋河沿	
朱昌生	十三、九	南	鄞縣第六區橫漲橋旋朱家宣	壩下	据云三分已做汽車路 分六升
朱興揚	三、一	南	仝	裏坟灘	分二升
朱崇鶴	二、四	南	仝	張堡岸	此戶改為朱中堂
朱孝房	一、一	南	仝	張江沿	此戶改為朱来法
鄭阿品	六	南	烏邱西鄭		
共計	兩鄉大業五十三畝二分正				

乙、殿堂寮舍

1、大殿七間聖像端好莊嚴法物設備俱全

2、天王殿五間聖像屋脊損壞頗多

3、藏經閣齋堂五樓五底經藏俱備器具另載

4、客堂五樓五底器具另載

5、萬年堂五樓五底器具另載

6、禪堂五間班首寮三間維那寮三間香司寮三間房屋略有破壞設備俱全器具另載

7、雲水堂三樓三底略需脩理設備俱全器具另載
8、新樓三樓三底器具另載
9、方丈五樓五底設備俱全器具另載
10、後廳五間器具另載
11、庫房四樓四底設備俱全器具另載
12、工房三樓三底器具另載
13、小廚房四間設備俱全爐灶略需脩理器具另載
14、祖堂四樓四底器具另載
15、老三間三樓三底器具另載
16、白間三樓三底器具另載
17、新三間三樓三底器具另載
18、月洞門五間一廂破壞甚多器具另載
19、大寮茶灶五間破壞甚多器具另載
20、水木作場二間
21、廁所三座
22、柴房六間
23、門房二間器具另載
24、尊義閣三樓三底平房四間器具載於合同書

7 18

25、長廊一弄十間

今將上項殿堂寮舍綜表如左：

處名	間數	設備說明
大殿	七	全
天王殿	五	損壞
藏經閣齋堂	五	全
客堂	五	
萬年堂	五	
禪堂	十四	全
雲水堂	三	全
新樓	三	
方丈	五	
後廳	五	
庫房	四	
工房	三	
小廚房	四	
共計	六八	

處名	間數	設備說明
祖堂	四	
老三間	三	
白間	三	
新三間	三	
月洞門	六	破壞
大寮茶灶	五	破壞
水木作場	二	
廁所	三	
柴房	六	
門房	二	
尊義閣		核合同書
長廊	十	
共計	四七	

統計：一百十五間

坿註：本寺丈量完竣，共佔基地二十九畝六分，東邊餘地十二畝，西邊餘地八畝，今為菜園。全寺圍牆約佔一百五十方，東南西三面皆接馬路，交通稱便。門前為日湖古蹟，業已呈准鄞縣政府，鄞縣城河委員會奉批闢為放生池，以宏慈護。

丙、器具

一、莊嚴

1. 緞花散花大佛帳　四頂
2. 緞花長幡　二十八条
3. 緞花散花帳　一頂
4. 緞花佛帳　三頂
5. 緞花舊式長幡　八条
6. 緞花六羅漢帳　一頂
7. 黃緞花廣東式幡　十四条
8. 黃緞花蘇州式幡　十四条
9. 緞花方桌圍　十九条
10. 緞花連桌圍　一条
11. 緞花五方幡　六堂
12. 黃布長桌圍　三十三条
13. 花標長桌圍　三十四条

8

14、	内壇廿四席幡	一堂
15、	緞花白經蓋	十八条
16、	緞花經蓋	十一条
17、	小寶蓋	五只
18、	印度綢拜套	七只
19、	紅緞繡花拜套	一只
20、	緞花圓棕套	一只
21、	卓布繡花圓套	十只
22、	方緞花套	七只
23、	揮門帳	十一副
24、	沐浴堂黄布帳	一頂
25、	提幡	一副
26、	提幢	一副
27、	緞繡蘭盆經幢	四只
28、	内壇黄布	十七条
29、	百丝白洋布	二疋
30、	仙橋白小布	六条
31、	繡花緞爐衣	六条

32、單裌祖衣　十九頂
33、春布戒衣　二十八頂
34、夏布紅衣　一百〇二頂
35、内壇供几緞花衣　二条
36、毘盧帽　十二頂
37、夏布拜具　七首
38、五佛冠　十二頂
39、冬夏黄海青　八件
40、比丘壇、縵　四幅
41、三壇牌式　十二幅
42、花瓶　五只
43、蘭盆五彩掛旛　三堂
44、斜纹拜墊　二百只
45、大蘆花坐墊　九十五只
46、小蘆花坐墊　六十只
47、内壇裌門簾　四条

共計八百四十九件

二、法器

祖衣書處靜和尚蘇卅轉
来者已帶遠戒衣已照天
童寺毘盧帽五佛冠有差
千失備考名　亦句記卅八、七、廿八

9

1、大鼓 一只
2、中鼓 六只
3、小鼓 九只
4、斗鼓 一只
5、大鐘 一只
6、報鐘 三只
7、降魔鐘 一只
8、提鐘 二十只
9、掛鐘 六只
10、大磬 一只
11、中磬 六只
12、銅磬 十六只
13、大小引磬 十九把
14、大鑼 一只
15、甩鑼 一只
16、叫鑼 一只
17、鈴子 三十四只
18、鐺子 八只

19、	鈴子	十副
20、	拂子	二把
21、	揮門架	十二副
22、	大鈸	三副
23、	大木魚	二只
24、	中木魚	二只
25、	小木魚	二十九只
26、	提爐	二只
27、	手爐	十二把
28、	拐杖	二根
29、	錫杖	一根
30、	錫淨水壺	三副
31、	銅五方童子	三十只
32、	銅塔	一座
33、	曼怛盤	八只
34、	檀香盤	五只
35、	檀香盒	二十四只
36、	紫銅小供盒	二十七只

37、高脚供盃	十只
38、檀香爐	十九只
39、供桌小琉璃	九只
40、明壳小供燈	九只
41、聖賢供像	十三尊

共計三百六十六件

三、木器

1、圓桌	五張
2、二斗四方桌	四十三張
3、八仙桌	六十五張
4、二斗半桌	二十五張
5、辦公桌	五張
6、無斗半桌	十四張
7、畫桌	六張
8、板桌	二十七張
9、大菜桌	一張
10、長桌	六十張
11、元寶佛桌	二座

12、平佛桌	二座
13、圓凳	七十三条
14、長闊凳	三十五条
15、齋堂凳	四十八条
16、板方凳	二十一条
17、紅漆正方凳	九十七条
18、紅漆拜凳	二百只
19、四尺長凳	二百七十四条
20、水陸板凳	四十八条
21、客堂紅漆凳	二条
22、大坐椅	四十三張
23、辦公椅	三張
24、安樂椅	二張
25、皮織椅	二張
26、單靠椅	一百〇七張
27、法椅	四張
28、圓靠椅	十四張
29、衣櫥	二十三只

11

30、碧紗橱 五只
31、十一斗橱 一只
32、二斗橱 一只
33、被橱 四只
34、玻璃橱 一只
35、一斗橱 二只
36、五斗橱 一只
37、法器大橱 二只
38、被櫃 二只
39、籌櫃 一只
40、長米櫃 八只
41、馬桶櫃 十四只
42、圓米桶 一只
43、大脚桶 三十四只
44、馬桶 四十二只
45、净盤桶 三只
46、浴桶 七只
47、挈水桶 三十二只

48、	大水桶	五只
49、	行堂桶	十一只
50、	紅飯桶	十只
51、	洗菜桶	十只
52、	擡水桶	十四只
53、	飯桶	五只
54、	南貨桶	四只
55、	莊嚴皮箱	四只
56、	莊嚴木箱	一只
57、	書畫箱	三只
58、	床架	九十八副
59、	板書架	六只
60、	花架	十五只
61、	衣架	三只
62、	臉架	三十只
63、	齋堂櫃桌	八条
64、	藏經櫥	十二只
65、	茶盤	一百十六只

12

66、大茶盤	十七只
67、送聖盤	四十八只
68、大桶盤	五只
69、箕盤	四只
70、木蘭盆	三只
71、木五事	一副
72、圓臺面	九張
73、沐浴臺	一只
74、擱几	八張
75、茶几	六十五張
76、風燈	九對
77、花梨木風燈	七對
78、風車	一座
79、花梨木禮匣	一只
80、大梆	一只
81、法事牌	一塊
82、秤	四条
83、棕棚	一百七十一張

84、維摩龕 一座

共計二千一百二十八件

四、銅瓷

1、錫五事 二副
2、錫九蓮電燈 一只、
3、錫煖鍋 四只、
4、錫風燈 一副
5、錫過賬印匣 一只、
6、錫三寶印匣 一只、
7、錫茶壺 二把
8、銅長圓壺 一把
9、銅大茶壺 四把
10、銅小茶壺 二把
11、銅冲壺 一把
12、洋鉛水壺 六把
13、洋鉛大圓茶箱 七只、
14、洋鉛高大燒箔箱 一只、
15、銅三事 一副

13

16、洋鉛中罐	二只
17、電火表	一具
18、電燈	一百五十只
19、電風扇	一只
20、電料	二箱
21、玻璃盆	三十二只
22、玻璃砚	四塊
23、玻璃屏架	十四只
24、中方鏡	二塊
25、紀念照框	三只
26、大鑊	二只
27、陶鑊	二只
28、火点	一塊
29、紅色保安水龍機	二具
30、鉄帳鈎	一百副
31、花園大翦刀	一把
32、火油箱	十二只
33、鉄香爐	四只

34、	大菜罩	三只
35、	時計	四只
36、	一尺二寸青花圓盆	八只
37、	一尺二寸青花長盆	四只
38、	一尺青花炒盆	十六只
39、	一尺青花湯盆	四只
40、	八寸青花圓盆	二十四只
41、	八寸紅花湯盌	十二只
42、	一尺淨白炒盆	十只
43、	一尺淨白湯盆	十六只
44、	八寸淨白炒盆	一百七十三只
45、	八寸淨白湯盆	一百二十三只
46、	八寸藍邊湯盆	二十一只
47、	六寸藍邊冷盆	六十一只
48、	六寸藍邊炒盆	五十只
49、	六寸淨白冷盆	一百九十一只
50、	四寸淨白供盆	十只
51、	一尺二寸藍邊圓盆	四只

失卅八只
失卅二只
点批

14

52、	一尺二寸淨白炒盆	四只
53、	瓷花高脚供盆	三十六只
54、	金边蓮子盌	四十一只
55、	青边蓮子盌	二十只
56、	淨白海湯盌	二十三只
57、	淨白菜盌	一百八十七只
58、	淨白飯盌	二百八十五只
59、	藍边供盌	二百四十只
60、	藍边茶盌	二百二十六只
61、	金边茶盌	四十四只
62、	齋堂粗盌	二百只
63、	金边细盃	十二只
64、	藍边淨水盃	一千〇五十只
65、	细花羹匙	四十九把
66、	淨白粗羹匙	三百十五把
67、	粗花茶壺	五十三把
68、	金边茶壺	四把
69、	痰盂	四十六只

70、	白磁痰盂	十只、
71、	水缸	五十七只、
72、	鹹菜缸	二只、
73、	藍花茶缸	十七只、
74、	緑茶缸	七只、
75、	花醬油缸	二只、
76、	油缸	二只、
77、	米缸	三只、
78、	醬油醋碟	一百五十只、
79、	鉢頭	七只、
80、	紫銅大茶爐	一把
81、	小磁香爐	五十只、
82、	琉璃燈	四副
83、	藍字香爐	二十三只、
84、	圓石凳	四只、
85、	緑圓鼓	二只、
86、	小印色匣	三只、
87、	石臼	一只、

15

88、粉磨	一對
89、老式花盆	一簍
90、洋瓷面盆	五十五只
91、花盆	三十二只

共計四千三百七十五件

五、籐竹

1、坐籐椅	十五把
2、長籐椅	一把
3、搖籐椅	一把
4、卧籐椅	二把
5、方籐凳	一把
6、挑籃	三副
7、幢籃	五副
8、蒸籠	二十格
9、籮担	四副
10、錫箔竹籮	四只
11、帳竿	二十六捆
12、簾子	四十六条

13、竹生塾　八口、

共計一百三十六件

六、佛像書畫

1、新水陸畫　七十三軸
2、舊交水陸畫　七十三軸
3、新蘭盆畫　三十二軸
4、十地牌　二十四頁
5、法智大師　一軸
6、密雲悟祖　一軸
7、卓峯和尚　一軸
8、一峯和尚　一軸
9、懶如和尚　一軸
10、一峯和尚師傳像　一軸
11、白雲墨荷中堂八尺　四軸
12、白雲墨蕉中堂八尺　一軸
13、淡禪墨梅中堂六尺　一軸
14、達摩中堂五尺　一軸
15、墨鴛鴦中堂五尺　一軸

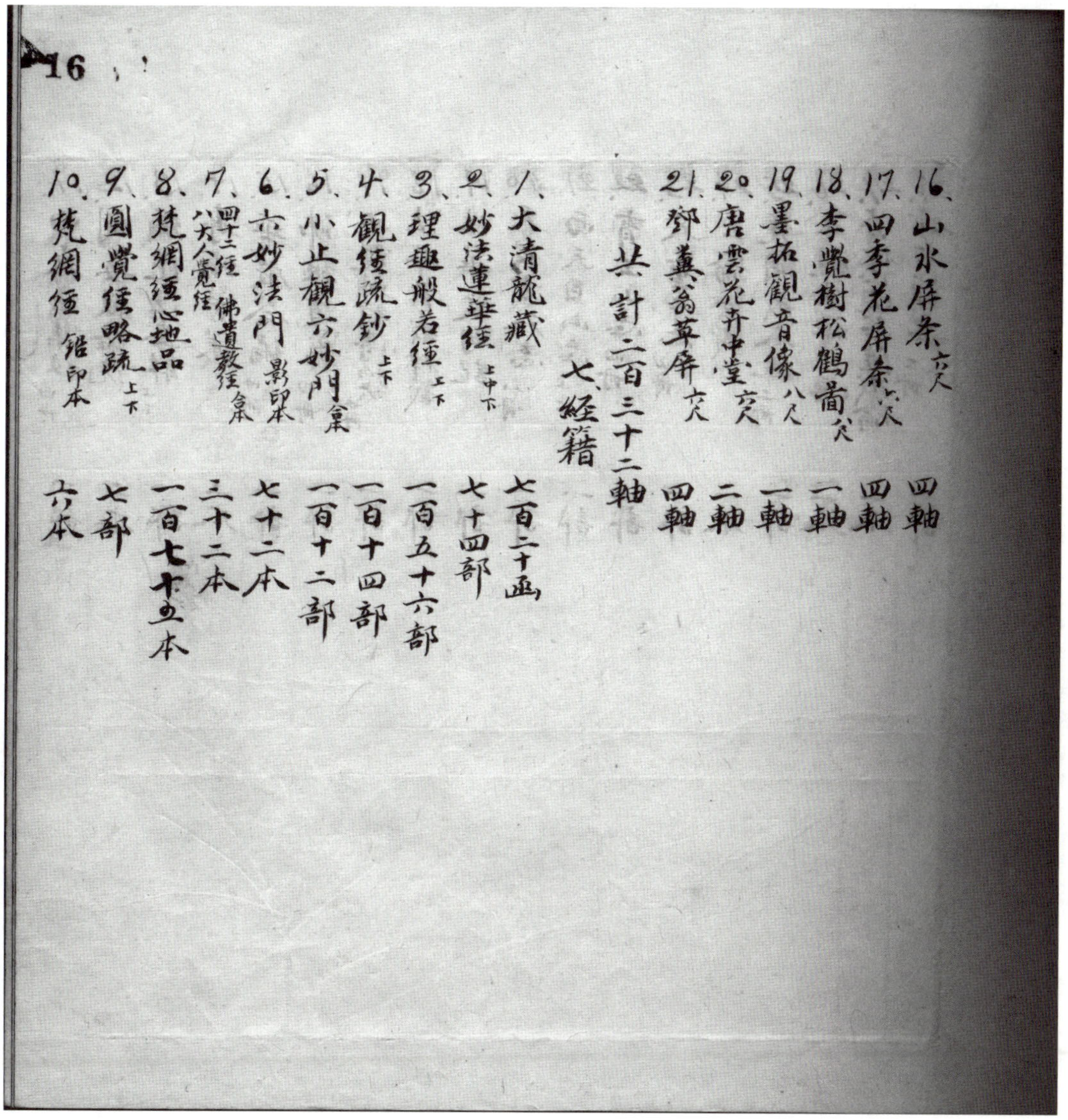

16

16、山水屏条 六尺 四軸
17、四季花屏条 六尺 四軸
18、李覺樹松鶴啚 六尺 一軸
19、墨拓觀音像 八尺 一軸
20、唐雲花卉中堂 六尺 二軸
21、鄧糞翁草屏 六尺 四軸
共計二百三十二軸

七、經籍

1、大清龍藏 七百二十函
2、妙法蓮華經 上中下 七十四部
3、理趣般若經 上下 一百五十六部
4、觀經疏鈔 上下 一百十四部
5、小止觀六妙門 合本 一百十二部
6、六妙法門 影印本 七十二本
7、四十二經 八大人覺經 佛遺教經 合本 三十二本
8、梵網經心地品 一百七十五本
9、圓覺經略疏 上下 七部
10、梵網經 鉛印本 六本

11、四教儀集註	四冊	一部
12、闢妄救略說		二本
13、彌陀經要解	上下	一部
14、專修警策		二本
15、華嚴合編	卅冊	一部
16、佛祖道影	四冊	一部
17、止觀輔行傳弘決	廿冊	一部
18、法華玄義釋籤		一部
19、法華文句記		一部
20、天台方外志	八冊	一部
21、西天目山志	上下	一部
22、育王山志	四冊	一部
23、天童寺志	四冊	一部
24、三論玄義		一本
25、梵網戒本疏	二冊	一部
26、止觀坐禪法要		一本
27、菩提正道菩薩戒論		一本
28、妙玄節要	二冊	一部

17

29、指要鈔 四冊 一部

30、金光明经玄義 一本

31、金光明经玄義記 一本

32、觀音玄義記 一本

33、列祖提綱錄 十冊 一部

34、一雨老人語錄 一本

35、雨香禪師語錄 二本

36、喝堂老人語錄 一本

37、標月老人語錄 一本

38、省庵法師語錄 一本

39、淨土極信錄 一本

40、賢愚因果经 四冊 一部

41、三壇傳戒正範 四冊 一部

共計一千五百。二冊

八、布草

1、廣、单帳幕 六条

2、夏布大帳 八頂

3、洋布帳 分為三種 五十七頂

17

4、大小棉被　三十三条
5、洋布枕頭　一百五十四条
6、臺面布　三条
7、枕套　三十条
8、棉門簾　五条
9、枕頭蓆　二百条
10、軟草蓆　二十条
11、粗草蓆　一百七十二条
12、蔴袋　四十只
13、廣單棕氈　八条
14、坐單長棕　十条
共計七百四十六件

九、食物料作

1、白米　一千二百七十五斤
2、穀晚谷　二千九百八十斤
3、茶葉　一百五十斤
4、舊木料　二間
5、松板　二十丈

18

6、瓦 八萬塊
7、龍骨磚 又加一萬 六千塊
共計 四千四百〇〇五斤 九萬六千〇二十二件

十、供養

1、銀香爐 一只
2、銀鑊 一只
3、銀寶塔 一座
4、銀壽桃 一盆
5、銀盆 十四只
6、銀盆底 十四只
7、銀珠花 四盆
8、銀花盆 一對
9、銀高脚盃 一對
10、銀御盃 二只
11、銀燭臺 一副
12、銀老壽星 一座
13、噴銀花瓶 一對
14、又銀十供養 十件

15、銀寶鼎 連盒 一只

共計五十四件

（說明）器具中有少數為靜安和尚寄存移交倉卒未曾檢還

今將上項器具十類綜表如左：

名稱	編號	件數	軸數	冊數	斤數	量單	價	總價
莊嚴		八四九						
法器		三六六						
木器		二一二八						
銅瓷		四三七五						
籐竹		一三六						
佛像書畫			二三二					
經籍				一五〇二				
布草		七四六						
食物料作					四四〇五	九六〇三		
供養		五四						
統計		八六五四	二三二	一五〇二	四四〇五	九六〇三		

備註：經籍欄藏經三十年發現缺映字第五冊畝字第一冊後字全函

重要附註：

上列產業，重興以來，甲項田畝，全屬遺產；乙項殿宇，新建頗稀，以增加設備，点綴裝修為多；丙項器具，舊交僅佔百分之十，餘皆新置。頻年遭逢兵燹，載修載毀，散佚已成泰半矣。

第三項 建設

丁、地基交涉（第一階段）

為徐雲甫等侵佔本寺東邊地基向鄞縣縣政府請求停發土地登記正式證書案

一、向鄞縣縣政府呈請為徐雲甫等佔地造屋請求停發土地登記正式証書由

具書人延慶寺住持靜安，年四十八歲，籍黃岩，為徐雲甫佔地造屋，請求停發土地登記正式証書，以利進行事。竊本寺東首屋基地一方，係屬本寺產業，曾經向前寧波市政府登記，執有草証書為證。不料徐雲甫竟在該地擅建房屋一面，並朦請給發正式登記証書，以為侵佔地步。查此項基地所有權確屬本寺，萬難放棄，現正搜集證件，進行法律解決。為此具書請求

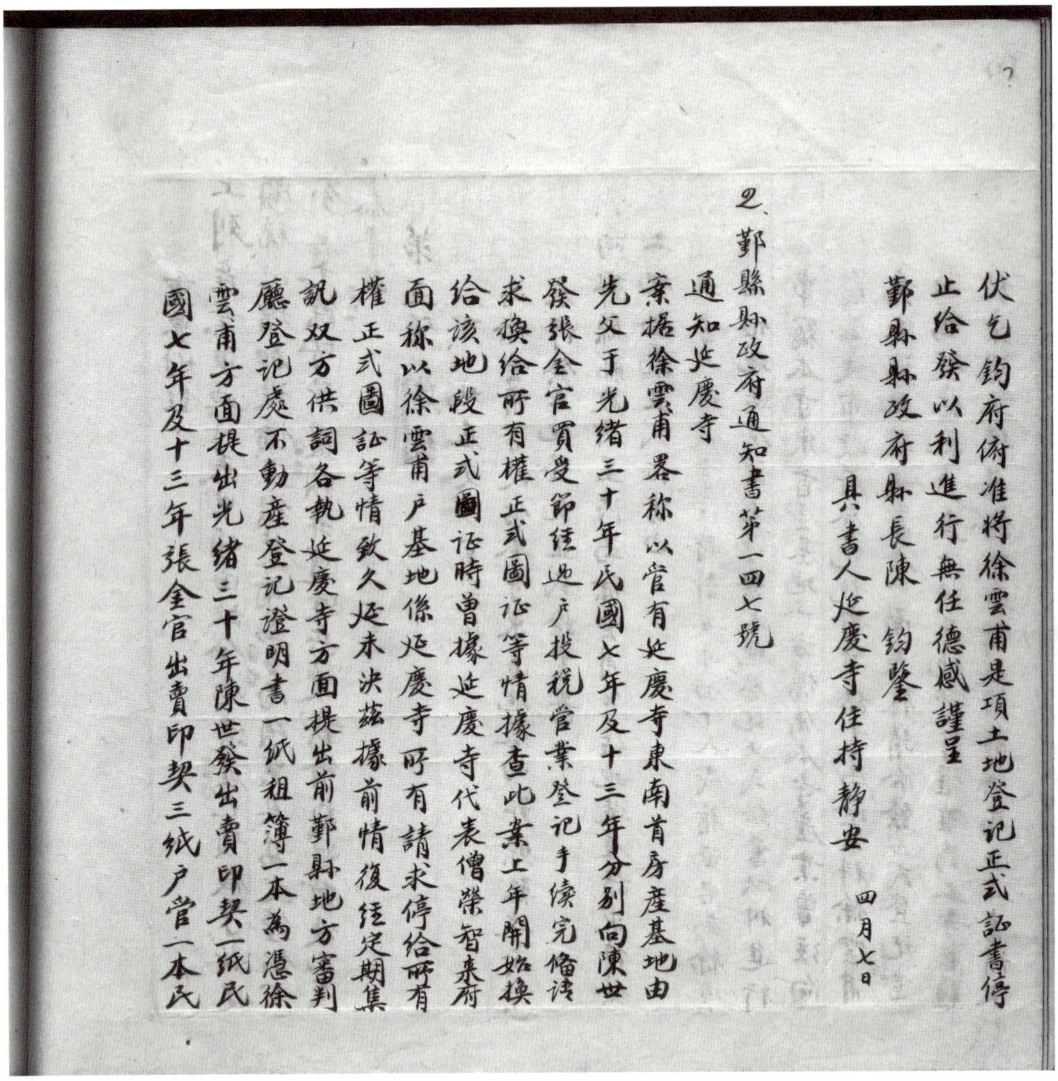

伏乞鈞府俯准將徐雲甫是項土地登記正式証書停
止給發以利進行無任德感謹呈
鄞縣縣政府縣長陳　鈞鑒
具書人延慶寺住持靜安　四月七日

2、鄞縣縣政府通知書第一四七號

通知延慶寺

案據徐雲甫畧称以管有延慶寺東南首房產基地由
先父于光緒三十年民國七年及十三年分別向陳世
發張全官買受節經過戶投稅管業登記手續完備請
求換給所有權正式圖証等情據查此案上年開始換
給該地段正式圖証時曾據延慶寺代表僧榮智來府
面称以徐雲甫戶基地係延慶寺所有請求停給所有
權正式圖証等情致久延未決茲據前情復經定期集
訊双方供詞各執延慶寺方面提出前鄞縣地方審判
廳登記處不動產登記證明書一紙祖簿一本為憑徐
雲甫方面提出光緒三十年陳世發出賣印契一紙民
國七年及十三年張全官出賣印契三紙戶管一本民

20

國九年西南七圖徐柏房執照一紙民國十四五六年西
南七圖徐柏房由單三紙為憑查核不動産登記証
圖樣內該徐雲甫戶土地雖經由延慶寺登記在內但
祖簿上並無承祖人陳世發張金官二人姓名可資憑証
至徐雲甫所執印契四契雖均有下連基地字樣而戶管
內關于民國九年新收陳世發張金官等基地糧額統
由賠丁戶除來並非由陳世發張金官戶名下開割又
近幾年來西南七圖徐柏房戶納糧執照均尚在本府
尚未截納是項土地所有權究竟誰屬殊成疑問姑念
徐雲甫營業已經有年為維持現狀計暫准免取殷實
鋪保來府換領所有權正式圖証如延慶寺方面主張
寺有應即檢同証件自向司法機関聲請確認後檢送
判文呈核除分知外合特通知如右

縣　長陳寶麟

中華民國二十三年五月二十一日

3、呈鄞縣縣政府為基地被佔請求停發土地登記正式証書
以保産權由

具書人延慶寺住持釋靜安年四十八歲黄岩縣人住本寺
為基地被佔請求停發土地登記正式證書以保産權事
竊本寺所有之寺東基地一方共計十二畝有奇歷經分
租與附近住民使用並經向前寧波市政府登記給有
草証書為証不料近有徐雲甫陳阿棠張金官竺有土
鍾茂芳等五戶妄稱其屋基地並非寺有蓄意侵佔
除由本寺檢具各項証件向鄞縣地方法院提起確
定産權之訴外在未經判決以前伏乞鈞府俯准
將上開各戶之土地登記正式証書暫停給發一俟
法院判決確定再當呈請核辦以保産權無任德感
謹呈
鄞縣縣政府縣長陳

具書人靜安　六月二十日

（說明）右案訟件浙江鄞縣地方審判廳核准之延慶寺育德堂契票抄簿一冊　附件土地向延慶寺基地上各戶産權訊問筆錄一冊未整理時本寺之土地登記圖一幀整理後延慶寺地形圖一幀

戊、地基交涉（第二階段）

21 27

為本寺東邊地基與清理鄞慈鎮奉定沙田專員兼辦舊寧屬官產事宜辦公處交涉案

1、官產委員辦公處第十三號通知

通知延慶寺

案查該戶佔有土坐水月橋地方官地拾畝另迄今未据遵章報領，合行通知，限文到五日內迅即來處優先報領，不得觀望自誤。自此次通知後，如再遷延不報，即是自願放棄，定即照章另行處分。特此通知。

委員唐大釗

中華民國二十四年一月十六日

2、為向官產委員辦公處呈請本寺東邊基地管業已久，絕非佔有，請收回成命由

具呈人延慶寺住持釋靜安，年四十九歲，黃岩縣人，住本埠蓮香巷。本寺為寺地管業已久，絕非佔有，懇請收回成命事。竊奉鈞處第十三號通知內開：「案查該戶佔有土坐水月橋地方官地拾畝另，迄今未据遵章報領，合行通知，限文到五日內迅即來處優先報領，不得

觀望自誤自此次通知後如再遷延不報即是自願放棄定即照章另行處分特此通知等因奉此伏查水月橋住在寺西本寺並無地產惟寺東有地十餘畝（即育德堂已）向屬寺有自前清嘉慶年間管業以來迄今百有餘年歷年輸糧納稅無缺並于民國十五年十月間經鄞縣地方審判廳審驗屬實准予登記有糧票及鄞縣地方審判廳不動產登記証明書暨各祖户祖契簿可証絶非佔有至為明顯且本寺因歷任住持管理不善負債累累藉此區區收入已屬供不應求果再遭此意外更將無以為继勢必至于破產為此瀝陳下情具呈聲請伏乞

鈞處体卹民艱收回成命免予處分合寺僧衆感德無涯謹呈

浙江清理鄞慈鎮奉定沙田舊寧屬官產辦公處專員唐

具呈人延慶寺住持僧静安

中華民國二十四年一月　三十日

3、官產委員辦公處批示

為寺地管業已久絶非佔有請收回成命由

22 12

呈悉　速將所有產証呈處調驗後行核辦

4、
公函鄞縣佛教会懇請咨文官產委員辦公處証明本
寺東邊地基係屬寺產予以援助案
逕啓者為寺地管業已久绝非佔有請予援助保存
寺產事竊敝寺近奉到清理舊寧屬官產委員辦公
處第十三號通知書内開案查該户佔有土生水月
橋地方官地拾畝另迄今未據遵章報領合行通知
限文到五日内迅即來處優先報領不得觀望自誤
自此次通知後如再遷延不報即是自願放棄定即
照章另行處分特此通知等因奉此伏查水月橋位
在寺西該處本寺並無地產惟寺東有地拾餘畝即
育德堂舊址向屬寺有自前清嘉慶年間管業以來
迄今百有餘年歷年輸糧納稅無缺並于民國十五
年十月間經鄞縣地方審判廳審驗屬實准予登
記有糧票及鄞縣地方審判廳不動產登記証明
書暨嘉慶年間遺下各祖户祖契簿可証绝非佔
有至為明顯且敝寺因歷任住持管理不善負債

累累現正提倡重興整頓清規産業不遺餘力果再遭此意外更將何以為繼勢必至于破産為此瀝陳下情具呈聲請仰祈 貴會本扶教宏宗之旨體卹僧材衰弱寺産凋零予以援助出為調解轉函知照以重廟産合寺僧伽不勝感激之至此致

鄞縣佛教会 執行 監察 委員諸公 鈞照

延慶寺住持釋靜安

中華民國二十四年二月十五日

5、

清理鄞慈鎮奉定沙田專員兼辦舊寧屬各縣官産事宜辦公處官字第二六號通知

通知延慶寺

案查該户佔有官地十畝零經本處派員插標查文并准該户以原佔用人地位優先承買各在案嗣以該户因經濟困難請求酌輕地價暫緩標賣等情來處迄今時逾月餘依舊措延不繳殊違定章本處為澈底清理起見未便再延為特再行通知究竟該户有無繳領誠意限文到三日内迅即確實具体答復以定處分勿延為要

專員唐大釗

23

中華民國二十四年四月　五日

6、為集訟向清理鄞慈鎮奉定沙田專員兼辦舊寧屬各縣官產事宜辦公處聲明本寺東邊產地確屬寺產請免繳價而釋誤會由

具呈人僧靜安四十九歲浙江黃岩籍治下延慶寺住持

呈為寺有產地集訟聲明請免繳價而釋誤會事竊查延慶寺建自周代廣順三年間名曰（時明州）報恩院至宋代大中祥符三年改名延慶住持知禮尊者宏揚教觀真宗敕封為法智國師称天下講宗五山之第二嗣至嘉祐六年間有丞相曾公亮置田施助廣闢院舍（史志從略）至清同治五年間添建鐘楼（基礎仍留）興育德堂于該寺東偏尚有土名坐落東南一二圖之餘地茲將本寺東首之餘地十二畝零確為延慶寺所有之寺產分列緣由証明聲敘于下一該地之來源係由宋代嘉祐六年間丞相曾國公亮施助並有曾公亮等神位三座供俸延慶寺內之西廂存在載明縣志一也二鄞縣地方審判廳于民十五年間奉令辦理土地登記時亦將是項土名坐落東南一二圖寺之東首之餘地十二畝

答聲請登記給有不動產登記証明書在案二也三自
嘉慶年間起至民國年間止附近貧户向本寺租借築
坟造屋菜園種植舊簿存在亦經鄞縣地方審判廳聲
請登記時將簿呈驗蓋有廳印在案三也四查該地土
名坐落寺之東首即東南一二圖報納賦税近年執照
現在尚存應証明是項餘地為本寺所有四也五該地
毘連之管河現在填平惟河邊北首原有延慶寺字樣
之舊石址界豎立存在証明該地為本寺所有五也總
之寺僧為出家之人擔任住持遇事應守佛律遵恩
為本決不敢貪佔官地夫本寺所有財產均由歷任
住持移交管理既無能力增置亦無擅權變動況寺
有為佛教之公產與在家者私有之管理似有不同在
家者有處分之權遠代遺傳必須補契而公有之寺
產往往則不注意歷代移管亦忽補契之手續以致
管業契據一時無從檢取 靜安接替不久寺中又被
前住持虧欠萬數之鉅並佛堂房舍傾圮又難置
事于不顧入不敷出困難已達極点玆奉派委諭令
餘地繳價之處惟有叩求 局長慈悲為懷察核賜

24

予豁免徵價而保宗教須德上呈

鄞縣清理官產局長唐

計附呈

鄞縣地方審判廳十五年間登記證書粘圖一份

又近年完納糧稅通告書二張

具呈僧靜安

中華民國二十四年四月　日

7、

清理鄞慈鎮奉定沙田專員兼辦舊寧屬各縣官產事宜辦公處通知官字第四六號

通知延慶寺僧靜安

案奉浙江財政廳第六五六二號指令本處呈為延慶寺寺產集證聲明請免徵價一案據情呈請鑒核示遵由內開

呈暨附件均悉本案地畝既由延慶寺經管多年並經聲請登記投完賦稅執有近年執照自係原有寺基之一部分毋庸辦理徵價仰即遵照附件發還此令計發還附件三張等因奉此除將所徵證件業已發還外合再録令通知

專員唐大釗

中華民國二十四年六月十一日

8、浙江省財政廳徐廳長致禁烟督察處李處長函

子寬吾兄處長勛鑒：頃奉大函，祗悉一是。查辦理寧波延慶寺東基地，尚未据呈報有案。茲承轉示該寺都監陳述各節，業經飭科函囑該管專員妥為辦理矣。專此奉復，即頌

勛祺

弟徐青甫拜啟　三月六日

9、禁烟督察處李處長致芝峯大法師函

芝峯法師慧鑒：前誦惠緘，聞于大寺地皮與官產處交涉，要求免繳地價，給契管業一案，經轉函浙財廳徐廳長，請予額外維持。茲准緘覆內開：查寧波延慶寺東地畝，現據該管專員呈報到廳，當經核明該寺既已經管多年，並經聲請登記，投完賦稅，執有近年執照，自係原有寺基之一部分，毋庸辦理繳價，指令在案。知關廑注

25

用特奉復等語如上所述是此案已解決爰將復緘照
録奉達
座右即希
弘鑒並頌
法樂
（附抄函一件）

弟 李基鴻拜啓 五月十四日

10、浙江省財政廳徐廳長致禁烟督察處李處長函

子寬吾兄處長勛鑒頃奉
大函備悉種切查寧波延慶寺東地畝現據該管專員
呈報到廳當經核明該寺既已經管多年並經聲請登
記投完賦税執有近年執照自係原有寺基之一部仍毋
庸辦理繳價指令遵照在案知関
厪注用特奉復順頌
勛綏

弟 徐青甫拜啓

11、禁烟督察處李處長致芝峯大法師函

芝峯大師法鑒

大駕約抵寧波矣茲接徐廳長青甫復緘關於延慶寺土地登記案已轉主管人員妥辦請

大師親與接洽是荷

太虛法師已回雪竇否念念敬頌

蓮祉

了空和南　三月十一日

己、改築道路

為本寺東邊地基交涉勝利應改建道路以圓寺基案

1、呈鄞縣政府為擬於寺基東從觀宗寺門首至延慶寺大門建築道路祈派員指導由

（原呈於戰事時遺失）

2、鄞縣政府批建字第二四四號

批具呈人延慶寺住持靜安

呈一件擬于寺基東從觀宗寺門至延慶寺大門建築道路祈派員指導由

呈悉據擬新闢道路尚屬可行應予照准惟原計劃至延慶寺大門止應改為接通永寧橋環城馬路以便交

26 26

通仰仰遵照此批

縣長陳寶麟

中華民國二十四年九月十四日

3.
呈鄞縣政府為建築道路懇請准許缩小範圍依照前
呈原有計劃路樣進行由

具呈人鄞縣城區延慶寺住持靜安年四十九 呈為
建築道路缩小範圍事竊查前呈建路原有計劃
係從觀宗寺門口西首字紙亭起至延慶寺大門口
接通環城馬路止後据 鈞府指導員測量充擴
範圍便利行人故于續呈文中再從該字紙亭至
横街頭香蓮巷口直接環城路業蒙許准不勝銘
感但因今之民心頗感時局不寧經濟破産種種
莫可言喻之狀況所逼難以勝任故特一再備文續
呈 鈞長電鑑懇請准許缩小範圍并希該處民
房准予免拆依照前呈原有計劃路樣進行以減
居民苦痛是為德便謹呈
鄞縣縣長陳

延慶寺住持靜安

中華民國二十四年十月二日

廿、坿工程師施求臧建築環城路至蓮香巷煤屑路工程計劃書

工程做法：（一）將白龍王廟河漕填實至相當規定高度後用大滾筒來回滾壓須五次以上上鋪碎磚三和土一皮厚三吋再用大滾筒壓實路面鋪一與八比之煤屑拌黃泥厚六吋寬為十五呎坡度四吋俟鋪齊後再用大滾筒滾壓數次務使其平整為止（二）自觀宗寺至蓮香巷一段將原有溝渠加以疏通並填高中間仍鋪朱家尖條石兩旁鋪煤屑

經費預算：

編竹填打松樁	六丈	每丈計洋拾五元	合計洋九十元
填河漕土方	六百平方	每方計洋一元	合計洋六百元
填路基土方	五十方	每方計洋一元	合計洋五十元
煤屑路面（長一百卅丈 寬十五呎 厚六吋）	一百九十五平方	每方計洋四元	合計洋七百八十元（寬改十呎經費減二百六十元）

27

溝渠　廿三丈　每丈計洋一元　合計洋二十三元
舖朱家尖条石工　廿三丈　每丈計洋二元　合計洋四十六元
条石兩旁煤屑路　廿三方　每方計洋四元　合計洋九十二元（上三暫時不做）
總計工程費洋一千七百三十一元正
上項數量俟完全工竣後實驗核對多增少減

5、
函鄞縣政府為寺前居民放牧家畜道路被損且沿傍傾倒拉圾設置糞缸有碍衛生請求出示取締由

逕啓者　敝寺　前呈建築道路之計劃承蒙　鈞長准許業已從事工作不日即可告竣茲因該路自白龍王廟跟起至觀宗寺門口止于中四鄰居民畜養之猪甚多日間盡放於外以致新建之路而被羣猪掘壞遺糞滿路此外尚有許多糞缸置于路邊并諸垃圾倒于兩旁々之臭具之物而于衛生之道有大害處即行人往來亦頗感不快事關路政相應函請　鈞長准予出示禁止以重衛生永固道路是所至懇特此謹上

陳縣長　鈞鑒

延慶寺住持靜安謹啓　十二月二日

6. 鄞縣政府批　字第一四二號

批具呈人靜安

二十四年十二月十二日秋字四七二號呈一件為寺前居民放牧家畜道路被損且路傍傾倒垃圾設置糞缸有碍衛生請出示取締由

呈悉據經派員查明該處居民放牧家畜踐踏道路屬實應由該具呈人妥為勸導至傾倒垃圾及設置糞缸一節據查明無甚妨碍所請出示應毋庸議此批

縣長陳寶麟

中華民國二十四年十二月十三日

7、呈鄞縣政府為呈請出示禁止行道攀折植木樹苗以維名勝而示保護由

（原呈於戰事時遺失）

8、鄞縣政府批建字第三四六號

批具呈人延慶寺住持靜安

二十五年五月廿五日循字第九五二號呈一件呈請出示禁止

28 27

行道攀折植木樹苗以維名勝而示保護由

呈悉應准布告保護至派警巡察一節仰逕呈寧波公安局核辦可也布告一紙隨文坿發併仰查收張貼

此批

（計發布告一紙）

縣長陳寶麟

中華民國二十五年五月廿九日

9、函鄞縣整理城河委員会為敝寺新建道路之餘地擬種植樹木以增風景請勿予標賣由

（原函遺失）

10、鄞縣整理城河委員会批字第四〇號

具書人 延慶寺

書一件書為敝寺新填建築道路之餘地擬種植樹木以增風景請勿予標賣由

書悉准如所請此批

常務委員陳如馨

王文翰
陳寶麟

中華民國二十四年十一月廿二日

（說明）本寺出資改築道路以為整理基地之結束工程既竣曾向鄞縣政府寧波警察局呈請擬以延慶路為名藉留永久紀念事因尺度縮小不符城市路政章程故改今名曰延慶巷呈文于戰事中遺失不能備錄經費中曾承觀宗常住喜助三百元以示合作並記勿忘

庚、疏濬日湖

為擬濬寺前日湖闢建放生池案

一、呈鄞縣政府為擬濬寺前湖面闢建放生池以利戒殺護生而期增榮益觀祈俯賜核准由

具呈人鄞縣城區延慶寺住持靜安　呈為擬濬寺前湖面闢建放生池以利戒殺護生而期增榮益觀祈俯賜核准規畫進行事竊延慶寺在宋初為保恩禪院太宗至道二年高僧法智大師知禮奉詔主持法席專闡天台教觀垂四十年智炬高張名聞遠被為中國佛教史留一葉燦爛光榮之史蹟流風未沫異代同欽爰考當時寺址一水周環實擅日湖之勝大師因依地勢闢池以供放生善舉宏規不難想見其盛迄考諸前人碑記及邑志所載尤令人興低回繚絕之思也其後桑海屢更湖面日隘半為人家宅舍不副舊稱寺亦興

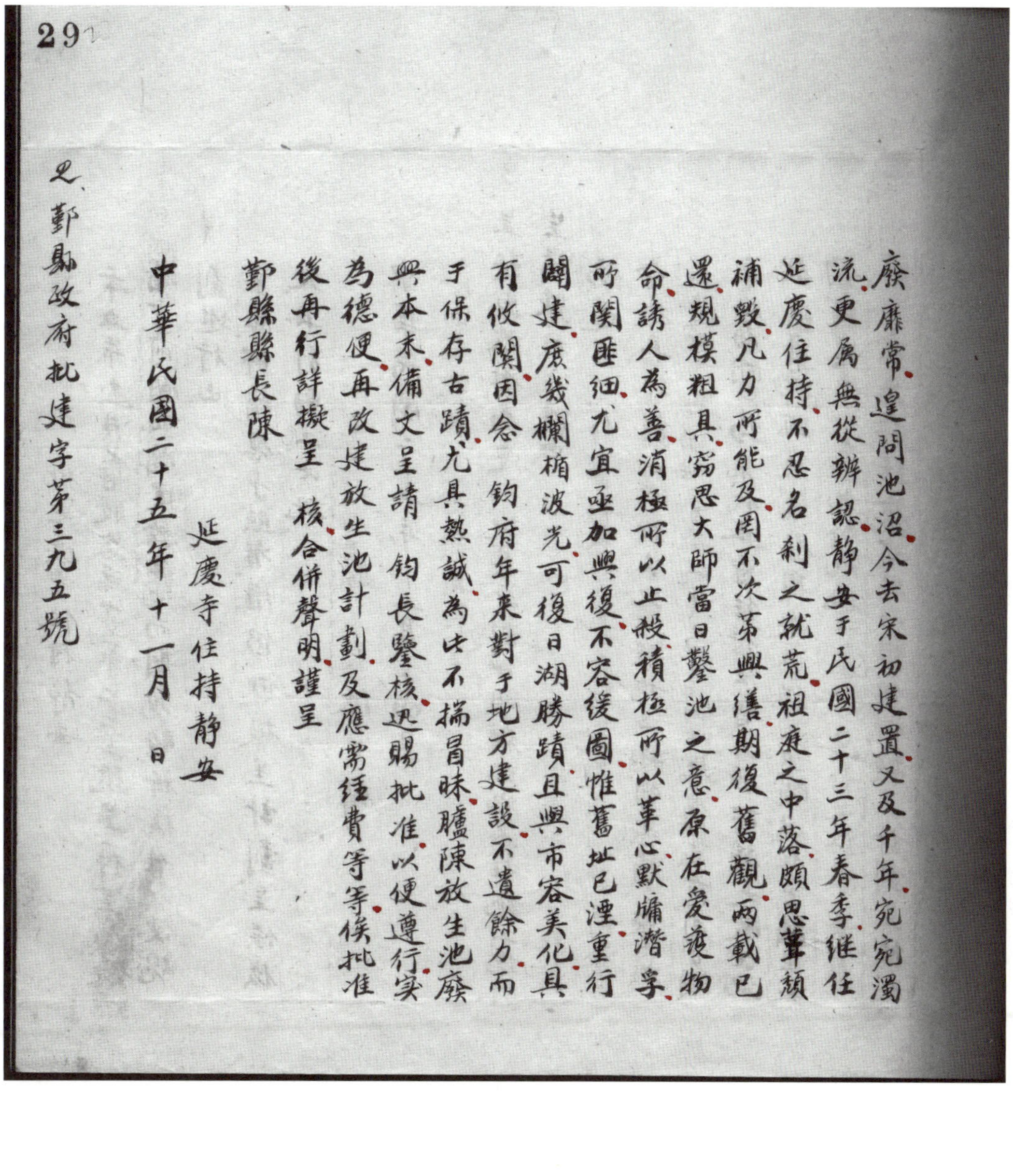

29

廢靡常遑問池沼今去宋初建置又及千年宛宛濁
流更屬無從辨認靜安于民國二十三年春季繼任
延慶住持不忍名刹之就荒祖庭之中落頗思葺頹
補毀凡力所能及罔不次第興繕期復舊觀兩載已
還規模粗具竊思大師當日鑿池之意原在愛護物
命誘人為善消極所以止殺積極所以革心默牖潛孚
所關匪細尤宜亟加興復不容緩圖惟舊址已湮重行
闢建庶幾欄楯波光可復日湖勝蹟且興市容美化具
有攸關因念　鈞府年來對于地方建設不遺餘力而
于保存古蹟尤具熱誠為此不揣冒昧臚陳放生池廢
興本末備文呈請　鈞長鑒核迅賜批准以便遵行實
為德便再改建放生池計劃及應需經費等等俟批准
後再行詳擬呈　核合併聲明謹呈
鄞縣縣長陳
延慶寺住持靜安
中華民國二十五年十一月　日

又、鄞縣政府批建字第三九五號

批延慶寺住持靜安

二十五年十一月七日收文瑞字第七七三號呈一件呈為擬濬寺前湖面闢建放生池而期觀瞻祈核准以便規劃進行由

呈悉所請應予照准惟仍仰擬呈計劃呈候核定再行動工此批

縣　長陳寶麟

中華民國二十五年十一月十四日

9、呈鄞縣政府為遵令擬具計劃日湖放生池工程施工說明呈請鑒核示遵由

為遵

令擬具計劃日湖放生池工程施工說明呈請　鑒核示遵事竊靜安曾于上年十月間以延慶寺前面日湖（一稱南湖）為宋代本寺住持法智大師所闢之放生池代遠年湮跡衰事廢現擬重行濬闢以存古蹟呈蒙

鈞府建字第三九八號批：

呈悉所請應予照准惟仍仰擬呈計劃呈候核

30 29

定再行動工此批

等因仁言下逮利溥含靈遵經邀請工程專家詳悉高度現已計劃就緒並將擬施工程具書說明以事求適用故工尚堅牢至所需經費當由靜安設法籌募更擬竣工之後於池之東部一角劃作蓮池廣將來每當炎夏荷花盛開於時風送荷香水呈魚戲不特魚類有得所之慶古蹟有保存之望而地方亦可多一游觀之區也為此抄同日湖放生池工程施工說明備文呈請鈞府俯賜鑒核准予興工俾後古蹟而壯觀瞻至為德便謹呈

鄞縣政府

（附呈日湖放生池工程施工說明一份）

具呈僧靜安

中華民國二十六年五月廿日

4、日湖放生池工程施工說明

(一)本工程進行時聽從延慶寺主持及監工指示辦理之

（二）石磡下寬一公尺四十公分上寬六十公分高一公尺八十公分梅園大塊乱石做外嵌一二水泥灰縫上做一三六水泥油底厚十五公分寬六十公分中置一三分圓三条每隔十公尺留隙縫二公分以防伸缩石磡下打血松樁梢徑十公分長二公尺每三公尺打松樁十五根樁花乱石厚三十公分嵌平夯实後上置大石板油底厚八公分

（三）石磡完成後填土夯实與水泥上油底等高上鋪草皮泥一皮

（四）堤寬定二公尺二边做石磡做品同第二条堤中填以土方上鋪草皮

（五）堤中做出水洞二道用四十五公分瓦筒做成外做鐵閘内做木閘門易手啟閉做池中之水出入自由

（六）上油底上每隔三公尺做水泥柱一个二十五公分圓高一公尺中園尖刺形鉄練

（七）堤上沿岸種植桃柳以綴風景并置鉄脚木櫈以資遊人休息

31

5、鄞縣政府批建字第九四三號

批具呈人延慶寺住持靜安

二十六年五月廿日收文伍字第一〇九四號呈一件呈為遵批擬興日湖放生池濬闢工程計劃俾復古蹟而壯觀瞻請核准給示保護動工由

呈及施工說明書均悉察核施工計劃尚無不合應准興工並予布告惟查該日湖係屬地方公有原准由該寺整理為放生植蓮點綴風景之用並由該寺負管理之責關于湖之主權仍歸地方公有並非移轉該寺前批未予說明特再飭知布告隨發此批

（計發布告一紙）

縣長陳寶麟

中華民國二十六年五月二十五日

6、鄞縣縣政府布告建字第九四四號

案查前據延慶寺住持靜安呈擬將延慶寺前面日湖予以整理以為放生植蓮點綴風景保存古蹟業

經飭据擬送计劃到府察核尚屬可行應准將該日
湖由該寺興工整理並負管理之責惟湖之主權
仍屬地方公有並非移轉該寺除批示外合行布
告仰各知悉

縣長陳寶麟

中華民國二十六年五月廿五日

申、訂改合同

興尊義閣訂立之允洽据

立合同允洽據延慶寺代表人住持靜安 尊義閣主總代表人王立卿 今由延慶寺與尊
義閣閣下子姓双方同意將尊義閣閣下子姓共有之關
帝殿東首尊義閣房產一所計坐東朝西樓屋三全間
又南北兩厙樓見天一埭三園墻垣一切裝葺均全又
小屋三間二披一切墻垣裝葺亦全於民國二十五年七
月間交興延慶寺代為管理訂定條約如下

(一)尊義閣內原有碑記及匾額柱對延慶寺須永遠
代為保存不得撤除

(一)尊義閣下子姓為慈邑王姓鄞邑鄭姓鄞邑馮姓
鄞邑張姓該子姓無論會期或非會期如欲使用

1

尊義閣於卅二年寧波淪陷时先为大殿檐壞[illegible]印被和平軍佔[illegible]隊部駐紮寺中之軍隊拆毁卅七年本寺有向各閣係人解釋已無[illegible]解今後本寺[illegible]老屋當立一尊義閣名義紀念每年逢[illegible]聖誕本寺[illegible]當招待如[illegible]來佛事

亦幻[illegible]

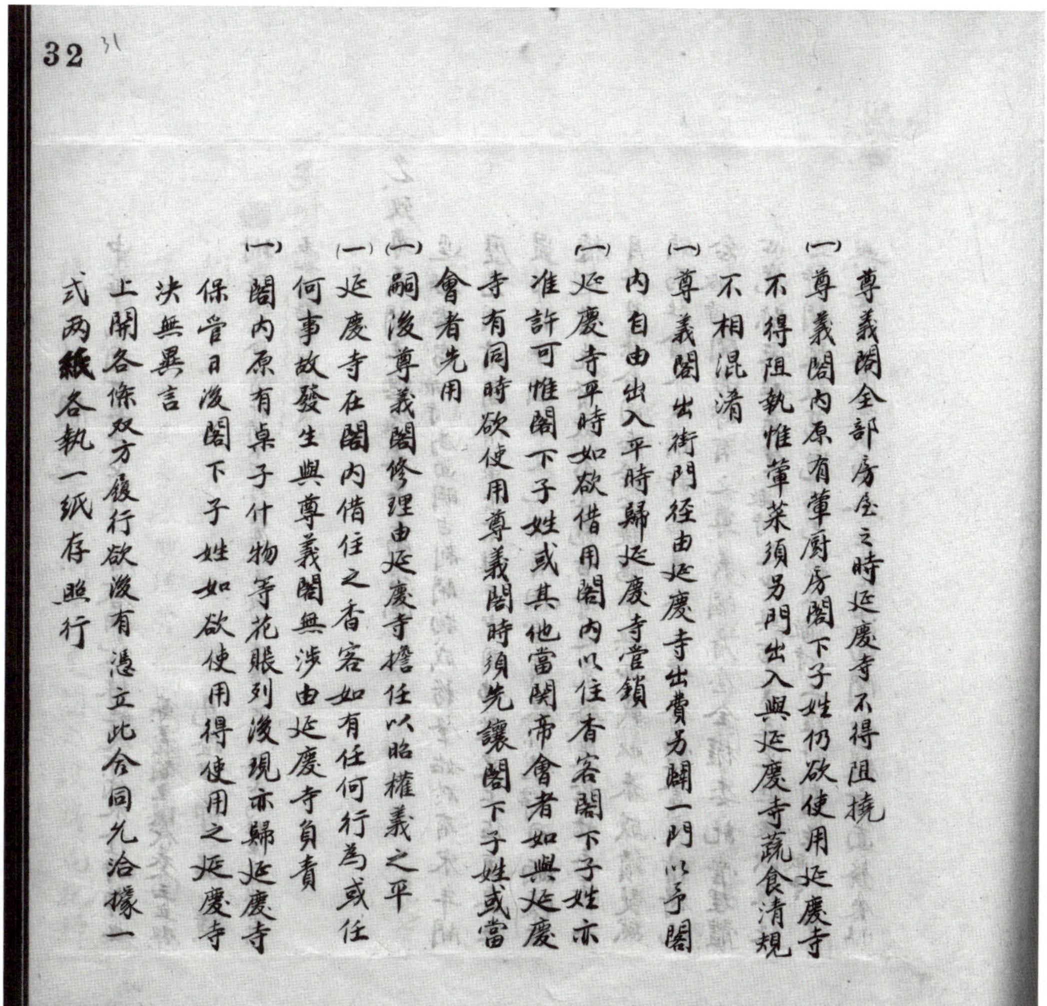

32 31

尊義閣全部房屋之時延慶寺不得阻撓

(一)尊義閣内原有葷厨房閣下子姓仍欲使用延慶寺
不得阻執惟葷菜須另門出入與延慶寺蔬食清規
不相混淆

(一)尊義閣出街門徑由延慶寺出費另闢一門以予閣
内自由出入平時歸延慶寺嘗鎖

(一)延慶寺平時如欲借用閣内以住香客閣下子姓亦
准許可惟閣下子姓或其他當關帝會者如與延慶
寺有同時欲使用尊義閣時須先讓閣下子姓或當
會者先用

(一)嗣後尊義閣修理由延慶寺擔任以昭權義之平

(一)延慶寺在閣内借住之香客如有任何行為或任
何事故發生與尊義閣無涉由延慶寺負責

(一)閣内原有桌子什物等花賬列後現亦歸延慶寺
保管日後閣下子姓如欲使用得使用之延慶寺
決無異言

上開各條双方履行欲後有憑立此合同允洽據一
式两紙各執一纸存照行

計開（略）

中華民國廿五年七月　日立合同允洽據延慶寺代表人住持靜安
尊義閣主總代表人王立卿
見證律師 駱 璜

附註：允洽據內計開下所列器具本屬破舊不堪七七戰起悉為駐軍作炊柴器
名如原据所列是實

2、致尊義閣主總代表王立卿公函

逕啓者竊 敝寺為四明古剎開物成務肇始於有宋年間
歷元明清高僧輩出不唯于中國佛教史上佔重要位
置即於中國之文化亦有相當貢獻 不慧等因緬懷古
德追崇先賢故不忍見古寺之荒廢爰於廿三年二
月一日集合同志發心提倡中興四載以來成績斐然
頗為社會人士稱許舊夏承 貴會體察衷情將紀
念 敝寺關帝所有之尊義閣房屋全權委託管理體
心究跡無非希望 敝寺之中興事業迅速進展以短促
之時間恢復舊觀而已茲以 敝寺工程計劃經 敝寺中
興委員會議決由本年起決向關帝殿方面發展以

完成整個偉大莊嚴之觀瞻故不得不推派（澹雲師）
代表屢與　王君接洽要求同意將　貴會尊義閣
靠近大殿左邊廂樓拆卸另建一新路通達寺中各
處殿堂仍由敝寺負責修理以壯關帝之神儀素
仰貴會諸公均係社會先進愛護古跡尤較衲等
熱心對于敝寺此項純出善意之提議諒能惠以援
助緣敝寺工程勢難中止即日擬即進行拆卸特
此通知務望推派代表商洽修理事宜為荷七
致
王立卿先生
尊義閣諸君　公鑒
中興延慶寺委員會代表住持靜安　七月廿七日

3、坿錄尊義閣記

寧郡日湖延慶寺東殿舊奉
關帝靈威最著余蒞郡之明年郡人沈學淵馮鎬
等二十人於其旁隙地經營之以為閣簷牙高啄牕
牖洞達曠如翼如閣成介鄭徵士勳求余文記之且
請所以名是閣者余問之曰是閣之設將為祀神

之所耶抑爲迎牲薦蔵蠲潔之所耶徵士曰否彼
二十人之爲此㠯蓋向義而成耳幼同里長同業游
於市廛逐什一之利見夫澆風日甚交情日薄競錐
多爭錙銖雖至親骨肉有反眼不相識者何況異姓
儔侶各私其私當其誓心天日罄耳密語雖易所称
其利斷金者無以過而其實於蝟毛毫末之間欲求
其片言之無僞而不可得是皆其利忘義者也見利
忘義之人由其平日無所警惕不獨致朋侶之參商
且將陷于不可知之域而莫能救因思古之知夫義
者不一而行炳日星謳歌婦孺越千載而猶足警人
耳目者莫如　關帝而延慶寺之閣卜於　神者尤能
中人隱微如奉面訓於是二十人凡有所求必求之
帝始以義合者期以義終春秋享祀之後即飲于是
閣飲福受胙交亦誠愫如　神鑒臨在上相與勉趋
以義或由此也歟余曰然由是言也其知好義者也
其知尊　帝之義而凜以自余其義者即以尊義名
其閣可乎今天學宮之旁皆有尊經閣以示萬古之
常道而尊義之説未見於古豈非義爲人所共由尊

34 33

之而無可尊者歟雖然 關帝之大義昭垂千古
尊 帝者尊其義耳登是閣者皆當惕然以警穆
然以思而好利忘義之人亦將耍顏愧悔激發其
天良然則是閣之成不獨二十人知能以義自全也
其有關於世道人心者其大是可嘉也夫余因徵士
之言即述之以為記且以告夫寺之僧人其無得踣
為僧寮相與共保守此閣也可 賜進士出身 誥
受朝議大夫寧波府知府前翰林院編修撰擬 進
奉文字文淵閣校理國史館提朝文穎館總纂充
乙丑戊辰兩科會試同考官加二級記錄十二次江
寧鄧廷楨謹撰
嘉慶十六年歲次辛未五月之吉郡人沈世澤 鄭纆
邦 王德綱 張永清 袁可燿 馮廷棵 沈學
淵 徐汝舟 馮 鎬 馮廷楝 李雲龍 張志
增 王鍾蓮 沈學洪 董旦始 張可安 王
華 王一清 周 王 馮全受 敬立

重要說明：
尊義閣築於本寺大殿近旁之基地，初為敬神而設，於關

帝殿之前、並建有戲臺一座、春秋令節、許愿酬神、鑼鼓盈
耳、平時則乞丐居住、煮蛇肉以為塗香、臭氣橫溢、行人
視為畏途、幾不辨此為吾　法智大師清淨道場矣、重
興之次年、輙為拆除、訂出允洽据、所以便利人事耳、後
之主管者、幸毋以基地讓人建築、遺留後害、庶千年叢
林之福也、

1、
為觀宗寺允洽據提出之公函
寶靜法師慈鑒（前略）茲因
上剎全部工程在從新計劃中、按民國十五年
上剎與敝寺訂有合同一紙、事涉建築、竊維此項措
施既屬臨時性質、後後之謀、以妥為宜、故今敢提懇
座下撤銷、以利雙方、為荷、後有
垂教、願聞鞭驅、弗念祇頌
撰祉
延慶寺住持靜安和南　廿六年三月十一日

2、
附民國十五年所訂允據

35 34

延慶觀宗溯上考之非惟共祖且復同門是以閒
有振作之役無不相悅慰而兼顧之蓋由來矣惟
本寺邇來人衆日繁佛事亦緣時嫌屋宇隘窄而
歷年添置所餘基地亦擴充殆盡今年於右廂西
南角上改築廳屋一所因基址整方祗應正屋之用
所少廁房一所適延慶寺後園西北角上有空基一
方東西二丈一尺五寸南北二丈五尺今蒙商乞方丈
榮智和尚所幸榮公磊落高懷惟道是尚惠然應肯
允許撥借與本寺運造㘭屋之用感佩良殷由斯双
方各執允據一紙存照

再契内加借字一個但此項借用名目必須延慶日後自
欲築房宇至於此方可收回否則不可輕動因多不便故

民國十五年清和月　日觀宗寺住持　志恒

見中　根慧

代筆　式昌

第四項　功德

壬、萬年水陸

說明：本寺發起重興之後僧衆驟然增至二千食指不僅寺無恆產難

應供給即寮舍狹隘亦未易安單故由公議徵集第一期萬
年水陸（亦名重興水陸）以圖擴大事業今並録當時之通告于
后

徵求萬年水陸重修延慶寺通告

查延慶自四明法智大師開基以來千有餘載中間興廢迭更
不盡其述玆為重修全寺堂宇并創建禪堂念佛堂萬年
堂起見故公議向十方諸大護法之前徵求萬年水陸藉
此良緣得植菩提最上善種可為龍華勝會授記作佛之
因仰祈善男信女務須親身來寺報告芳名惟恐投帖不
周特此奉聞

中華民國二十四年秋月　延慶寺　住持靜安　監院靈注　敬白

時間：每年定於古曆十月初八日啟建

備用：萬年水陸功德陰陽名庚二冊

附註：收支用途應核對下列簿冊（一）萬年水陸收款簿一冊（二）歷年
之流水簿與總清簿

癸、法華靜七

36 35

說明：擬修法華功德者為根慧瑞光禪師本寺承行三載法緣
尚勝唯參與永年者不多云
時間：每年古曆十一月廿二三日臨時擇定
備用：法華功德名庚一冊
附註：收支用逐應核對歷年之流水簿與總清簿

第五項 經濟

會計一道於中國本不發達而寺院會計向承舊習各
自為政未嘗存心改良故每置龐大之寺產無法統計
殊堪惜也本寺當局有鑒及斯從重興以來於會計一
途頗亦留意務以公正之態度具試驗之精神期為十
方叢林首創模範蓋欲寺院之振興與發展厥唯經濟
欲經濟之處置得當厥唯會計其會計嚴密與否於整
個事業影响殊大此固不僅佛教為然也本寺會計始
採中式簿記待至廿六年度方試用徐永祚氏之改良
中式簿記去歲至今有異於諸方叢林也惜自軍興之
後本寺基礎未固首遭鉅創致三五合作執事漸次星
散猶徒具雛形耳茲當主持調任之吉當局命將
歷年收支作一貫之整理以備徵信爰限於萬年簿

之格式分列甲乙丙丁四表以明本寺歷年經濟之大略於前三表後分AB二表庶幾兼徵重興之盛衰云

子、歷年年計表

A、廿三年至廿六年之年計表

帳戶		生財收	生財付	建設工資收	建設工資付	前任舊債收	前任舊債付	預收法事收	預收法事付	應付票據收	應付票據付	應付店賬收	應付店賬付
廿三年度	千 元		二八二六一三〇		五二八一九五〇		八九八七二七〇						
廿四年度	千 元		二六二六四八〇		五八六二三八〇								
廿五年度	千 元		八七三一六〇		五五五五八八〇					六二七七四〇〇	五一一四九〇〇	二二九三三一〇	
廿六年度	千 元	一〇〇	四七八三三〇	六〇二九七	五二七〇二八三			七二〇〇〇		七一八三六〇〇	四七五九九〇〇	一五三六一五六四	一六八六二八一七
總計	千 元	一〇〇	六八〇四〇〇〇	六〇二九七	二一九七〇四九三		八九八七二七〇	七二〇〇〇		一三四六一〇〇〇	九八七四八〇〇	一七六五四八七四	一六八六二八一七

現款		內存		行莊往來		暫記往來		應收法事		借款		會款		應付工匠		應付兌籌	
付	收	付	收	付	收	付	收	付	收	付	收	付	收	付	收	付	收
一一四〇一〇					一九四五七八〇	一三六一三〇					一〇四七四九五〇		三四〇三〇〇〇				
	一九三七〇	二三五九〇〇〇	一八一四〇〇〇	一〇一八〇三八〇	八三〇八八五〇	八六九〇九四〇	九一一五八二〇			八〇七六四九〇	七八三八六一〇	七九三七八〇	二一六四〇〇〇				
一三〇九〇		二〇六〇五〇九〇	二一〇五〇〇九〇	二四四五九〇八〇	二三六八五五三〇	二一六八五八三〇	二〇四七五五七〇			八三六八七二〇	一〇八六五五六〇	三一七三五〇〇	四六九七二八〇				
五三四五三五四九	五三二七二〇一八	一二七七〇〇〇〇	一三八七〇〇〇〇	一八七九七〇二〇	二〇三〇三三九〇	二一一七一六九五	一三〇一三四二六	二三四八九四〇	一一二三九四〇	一三三四二六四〇	一四二〇八一一〇	三三五二〇〇〇	七四〇〇〇	四九九四四〇	五〇六〇六〇	四五六〇六〇	五三三三〇
五三四六六六三九	五三二九〇三八八	三五七三四〇九〇	三五七三四〇九〇	五三四三六四八〇	五四二四三五五〇	四一六八四五九五	四一六〇四八一六	二三四八九四〇	一一二三九四〇	二八七八七八五〇	四三三八七二三〇	七三一九二八〇	一〇三三八二八〇	四九九四四〇	五〇六〇六〇	四五六〇六〇	五三三三〇

佛事 收	佛事 付	佛會 收	佛會 付	萬年陸水 收	萬年陸水 付	助緣 收	助緣 付	雜收 收	雜收 付	伙食 收	伙食 付	兌籌 收	兌籌 付	儭儀單銀 收	儭儀單銀 付	利息 收	利息 付
一七〇七四六九〇		三五四九〇〇〇				三一四六七五三		一〇六四五二			一四九一〇七九〇				四三五七六〇五		
二三四六一二八〇		三三三七〇〇〇		三三六〇〇〇〇		二三三〇二七〇		二三〇六〇五〇			一三八一八八五〇				六四四五三四〇		
二三四九八九五〇		四七五七〇六〇		三一五五〇〇〇		一四四七四〇〇		三二〇六〇九〇			二〇五四四五八〇		三四八九二六〇		三〇一三六四〇		一三二四一五〇
二三〇四八五九一	一七一五一〇	三五四三〇〇〇		一四九五〇〇〇	一〇〇〇〇	一七二四〇〇〇		一三六七七四九	六七〇	七二五六二七	一五一一七九〇〇	四五六〇六〇	三八四八九九〇	一〇四六六〇	三八四八九九〇	六〇九八〇	一八三三一〇〇
八七〇八三五二一	一七一五一〇	一五一八六〇〇〇		八〇一〇〇〇	一〇〇〇〇	八六四八四二五		七九四四四二一	六七〇	七二五六二七	六四三五二一二〇	四五六〇六〇	七三三八二五〇	一〇四六六〇	一七六六五五七五	六〇九八〇	三一五七二五〇

B、廿七年至三十年之年計表

年度	捐税 收	捐税 付	雜付 收	雜付 付	建設蓄池準備 收	建設蓄池準備 付	共計 收	共計 付	帳户 收	帳户 付	生財 收	生財 付	建設工資 收	建設工資 付	預收法事 收	預收法事 付	應付據票 收	應付據票 付
廿七年度		五二三四二三		三五二一三八九			四〇六五八六九七	四〇六五八六九七				六二〇〇〇	八四五三〇	四八七〇三八		七二〇〇〇		四二六〇〇〇
廿八年度		六〇九七〇		五一四〇六四〇			六四〇五五二五〇	六四〇五五二五〇				四六五		三六九〇〇			一一三〇〇〇	四七〇〇〇
廿九年度		四九三一八〇		六七三五一八〇			一二五四〇九二四〇	一二五四〇九二四〇				一五〇〇〇	三五〇〇〇〇	一六四〇〇				一〇〇〇〇
三十年度		六四四一二八	三五七一一九	四六二七二〇六	一四五一一二〇	六〇〇	一七一八一四八一一	一七一八一四八一一					五六六四四	〇				五〇六七〇〇
總計		一七二一七〇一	三五七一一九	二〇〇二四四一五	一四五一一二〇	六〇〇	四〇一九三七九九八	四〇一九三七九九八				七七四六五	四九一一七四	五四〇三三八		七二〇〇〇	一一三〇〇〇	九八九七〇〇

應付店賬		應付兌籌		應付工匠		會款		借款		應收法事		暫記往來		行莊往來		內存	
收	付	收	付	收	付	收	付	收	付	收	付	收	付	收	付	收	付
三二二八四六	三二二六八〇		七七二四〇	二四二〇〇	三〇八二〇	一〇四一〇〇〇	一七七四〇〇〇	六九九五六〇〇	三五〇五三二〇	一七五〇〇〇	三〇〇〇〇	一〇一九四〇〇九	一〇三三五四二九	八六九四九〇	一〇六八〇六〇	一〇〇〇〇〇	一〇〇〇〇〇
	一三九一三八					一八九〇〇〇	二二七五〇〇〇	八一九〇五〇〇	六三五二〇〇〇	三五〇〇〇		一三一二三九六三	九五八七八六一	五四四七一〇	五四四二一〇		
								一七四一七四〇	四五九一四〇	三〇〇〇〇		三三三五九三〇	三九三九三五〇				
	八四三三二					一五四〇〇〇	一三五四〇〇〇	五七五四四〇〇	八九七〇〇〇	九〇〇〇〇	三〇〇〇〇	一二一五一四五五	八八三六一六三	六六五八〇	五七五五八〇		
三二二八四六	五二五七五〇		七七二四〇	二四二〇〇	三〇八二〇	一三八四〇〇〇	五四〇三〇〇〇	二二六八二二四〇	一一一九五四六〇	四三〇〇〇〇	六〇〇〇〇	三七八〇四三五七	三二六九八八〇三	一四八〇七八〇	二一八七八五〇	一〇〇〇〇〇	一〇〇〇〇〇

現款		佛事		佛會		助緣		雜收		伙食		兑籌		觀儀單銀		利息	
收	付	收	付	收	付	收	付	收	付	收	付	收	付	收	付	收	付
二五三三九二〇七	二五二九六五三五	三四七六〇四五	二一二〇	三〇〇〇		三七五一七〇		三六七三六		四一九〇三	二一八三八五五	七七二四〇		三〇〇〇	六六八二六四	三六〇〇〇	一三四五二九〇
三二〇四一〇七	二一九三〇四七〇	一一四七三六〇				八四五〇		二一三二三六		八八七三	一五三六七三			一六六〇	三七一八四九	一三〇〇〇	一五五七七一〇
八一一五七四七	八三〇二三五〇	三六八七五〇				一一五三〇〇〇	二四〇〇〇	四二六六三〇		六九六六九〇	二二九一三三七				一五六六〇〇	二〇〇〇〇	二六九三五〇
二八三七〇七七六	二八一九八三〇一	三七四一五〇				五〇五二〇六〇		一五八七一八三		一〇〇一〇〇	五七一〇一八七				四二〇〇〇	三四八五〇	六〇二六一三〇
八三九二九八三七	八三七二八六五六	五三八六三〇五	二一二〇	三〇〇〇		六六六四七三〇	二四〇〇〇	二五四二七八五		八五七五六六	一一七〇九〇五二	七七二四〇		四六六〇	一三二八七三	一〇二八五〇	九一九八四八〇

捐税		雜付		建設放生池準備		應付經懺捐		應付利息		共計	
收	付	收	付	收	付	收	付	收	付	收	付
	七〇五〇七〇	二三四五四	一一六七〇〇九			二五〇九〇〇				四九六五八三三〇	四九六五八三三〇
	五五四八七		五〇四一四六	五〇〇〇〇						四四九五九〇九	四四九五九〇九
	七六三〇〇	五〇〇〇	五八七六六〇							一六三六三四八七	一六三六三四八七
一〇〇〇	一二四五七〇	一六二三三〇	三五一三八四四		一五〇〇五二〇		二五〇九〇〇	三七一八五五〇	三四八五〇	五七六七四〇七七	五七六七四〇七七
一〇〇〇	九五一四二七	一九〇七四	五七七一六九九	五〇〇〇〇	一五〇〇五二〇	二五〇九〇〇	二五〇九〇〇	三七一八五五〇	三四八五〇	一六八六二一八〇三	一六八六二一八〇三

說明：㈠廿三年度帳戶項目散漫記載無方今勉將各戶之差額併列成本表㈡廿四年度帳戶雖固定但記載方法仍未完善今亦根據各帳之總數列成本表㈢廿五年度因感帳戶項目太簡驟又分列較之廿三年度尤繁結果成績殊少遂於次年度再謀合併自此始有廿六年後之固定帳格㈣本表依歷年總清編成

五、歷年損益表

A、廿三年至廿六年之損益表

部別	帳戶	利益之部						損失之部								
		佛事	佛會	萬年水陸	助緣	雜收	共計	伙食	兌籌	襯儀單銀	利息	捐稅	雜付	共計	計益	計損
廿三年度	千 元	一七〇七四六九〇	三五四九〇〇〇		三一四六七五五	一〇六四五二二	二四八三四九六七	一四九一〇七九〇		四三五七六〇五		五二三四二三	三五二一三八九	二三三一三二〇七	一五二一七六〇	
廿四年度	千 元	二三四六一二八〇	三三三七〇〇〇	三三六〇〇〇〇	二三三〇二七〇	二三〇六〇五〇	三四七九四六〇〇	一三八一八八五〇		六四四五三四〇		六〇九七〇	五一四〇六四〇	二五四六五八〇〇	九三二八八〇〇	
廿五年度	千 元	二三四九八九五〇	四七五七〇六〇	三一五五〇〇〇	一四四七四〇〇	三二〇六〇九〇	三六〇六四五〇〇	二〇五〇四五八〇	三四八九二六〇	三〇一三六四〇	一三二四一五〇	四九三一八〇	六七三五一八〇	三五五五九九九〇	五〇四五一〇	
廿六年度	千 元	二二八七七〇八一	三五四三〇〇〇	一四八五〇〇〇	一七二四一一〇	一三六七〇七九	三〇九九六二七〇	一四三九二二七三	三三九二九三〇	三八九三三七三	一七七二一二〇	六四四一二八	四二七〇〇八七	二八三六四九一一	二六三一三五九	
總計	千 元	八六九一二〇〇一	一五一八六〇六〇	八〇〇〇〇〇〇	八六四八五三五	七九四三七四一	一二六六九〇三三七	六三六二六四九三	六八八二一九〇	一七七〇九九五八	三〇九六二七〇	一七二一七〇一	一九六六七二九六	一一二七〇三九〇八	一三九八六四二九	

B、廿七年至三十年之損益表

部別	利益之部						損失之部							
帳戶	佛事	佛會	兌籌	助緣	雜收	共計	伙食	儭儀單銀	利息	捐稅	雜付	共計	計益	計損
廿七年度 千 元	三四七三九二五	一二〇〇〇	七七二四〇	三七五一七〇	三一六七三六	四二五五〇七一	二一四一九五三	六六五二六四	一三〇九二九〇	七〇五〇七〇	一一四三五五五	五九六五一三一		一七一〇〇六〇
廿八年度 千 元	一一四七三六〇			八四五〇〇	二一二二三六	一四四四〇九六	一五〇四八〇〇	三七〇一八九	一五四五七一〇	五五四八七	五〇四一四六	三九八〇三三二		二五三六二三六
廿九年度 千 元	三八八七五〇			九一三〇〇〇	四二六六三〇	一七二八三八〇	一五九四六四七	一五六六〇〇	二四九三五〇	七六三〇〇	五八二六六〇	二六五九五五七		九三二一七七
三十年度 千 元	三七四一五〇			五〇五二〇六〇	一五八七一八二	七〇一三三九二	五六一〇〇八七	四二〇〇〇	五九九一二八〇	一一三五七〇	三三五〇五一四	一五一〇七四五一		八〇九四〇五九
總計 千 元	五三八四一八五	一二〇〇〇	七七二四〇	六四二四七三〇	二五四二七八四	一四四四〇九三九	一四八五一四六八	一二三四〇五三	九〇九五六三〇	九五〇四二七	五五八〇八七五	二七七一二四七一		一三二七一五三三

說明：(一)本表依照年計表每年每戶之差額編成(二)廿三四兩年度之兌籌併列儭儀單銀欄內利息併列雜付欄內

寅、歷年存該表

A 廿三年至廿六年之存該表

帳戶部別		資產(存)之部									負債(該)					
	千 元	生財	建設工資	應收法事	暫記往來	行莊往來	內存	現款	前任舊債	共計	應付票據	應付店賬	應付兌籌	應付工匠	會款	借款
廿三年度	千 元	二八二六一三〇	五二八一九五〇		一三六一三〇			一一四〇一〇	八九八七二七〇	一七三四五四九〇					三四〇三〇〇〇	一〇四七四九五〇
廿四年度	千 元	五四五二六一〇	一一一四四三三〇				五四五〇〇〇	九四六四〇	八九八七二七〇	二六二二三八五〇					四七七三二二〇	一〇二三七〇七〇
廿五年度	千 元	六三二五七七〇	一六七〇〇二一〇		九二一五一〇	六九九三〇	一〇〇〇〇〇	一〇七七三〇	八九八七二七〇	三三八四一七九〇	一一六二五〇〇	二二九三三一〇			六二九七〇〇〇	一二七三三九一〇
廿六年度	千 元	六八〇四〇〇〇	二一九一〇一九六	一二二五〇〇〇	七九七七九			二九〇二七一	八九八七二七〇	三九二九六五一六	三五八六二〇〇	七九二〇五七	七七二四〇	六六二〇	四〇一九〇〇〇	一四五九九三八〇
總計	千 元															

B、廿七年至三十年之存該表

部別	資產(存)之部							
帳戶	生財	建設工資	應收法事	暫記往來	現款	前任舊債	共計	應付票據
廿七年度（千……元）	六八六六〇〇〇	二二三一二七〇四	一〇八〇〇〇〇	二二一一九九	三四七五九九	八九八七二七〇	三九八一四七七二	三一六〇二〇〇
廿八年度（千……元）	六八六六四六五	二二三四九六〇四	一〇四五〇〇〇		七三九六二	八九八七二七〇	三九三二二三〇一	三二二六二〇〇
廿九年度（千……元）	六八八一四六五	二二〇一六〇〇四	九一五〇〇〇		二〇六五六五	八九八七二七〇	三九〇六〇三〇四	三二一六二〇〇
三十年度（千……元）	六八八一四六五	二一九五九三六〇	八五五〇〇〇		八八〇九〇	八九八七二七〇	四〇七七一一八五	二七〇九五〇〇
總計（千……元）								

部別	……之部								
帳戶	暫記往來	行莊往來	預收法事	建設放生池準備	歷年盈餘	共計	盈計	虧計
廿七年度		一九四五七八〇				一五八二三七三〇	一五二一七六〇	
廿八年度	二八八七五〇	七四二五〇			一五二一七六〇	一六八九五〇五〇	九三二八八〇〇	
廿九年度					一〇八五〇五六〇	三三三三七二八〇	五〇四五一〇	
三十年度		七〇七〇七〇	七二〇〇〇	一四五〇五二〇	一一三五〇七〇	三六六五一五七	二六三一三五九	
總計							一三九八六四二九	

負債（該）之部

應付店賬	應付經懺捐	應付利息	會款	借款	暫記往來	行莊往來	建設放生池準備	歷年盈餘	共計	計盈	計虧
七九二六二三	二五〇九〇〇		三二八六〇〇〇	一八〇八九六六〇		五〇八五〇〇	一四五〇五二〇	一三九八六四二九	四一五二四八三二		一七一〇〇六〇
六五三四八五	二五〇九〇〇		一二〇〇〇〇〇	一九九二八一六〇	二三一三九〇三	五〇九〇〇〇	一五〇〇五二〇	一二二七六三六九	四一八五八五三七		二五三六二三六
六五三四八五	二五〇九〇〇		一二〇〇〇〇〇	二一二一〇七六〇	一七一〇四八三	五〇九〇〇〇	五〇〇五二〇	九七四〇一三三	三九九九一四八一		九三二一一七七
五六九一五三		三六八三七〇〇		二六〇六八一六〇	五〇二五七七五			八八〇八九五六	四八八六五二四四		八〇九四〇五九
											一三二七一五三二

說明：(一)本表依照年計表每戶歷年累積之差額編成(二)廿六年度應付先籌之七十餘元係以往發出之懺焰籌碼因持籌者未來調換乃于廿七年度於先籌欄充銷(三)預收法事係齋主未做佛事先繳款項之帳戶與應收法事適成相反之帳(四)應付利息歷年並未結算茲當移交之際為清理手續起見特立此欄以作決算

卯、決算總表

A、損益總表

民國廿三年二月十五日至民國三十年十二月三十一日止

利益之部

帳戶	金額（千／元）	附註
佛事	九二二九六一八六	
佛會	一五一九八〇六〇	
萬年水陸	八〇〇〇〇〇	
助緣	一五〇七三二六五	
雜收	一〇四八六五五	
共計	一四一〇五四〇三六	

損失之部

帳戶	金額（千／元）	附註
伙食	七八四七七九六一	
兑籌	六八〇四九五〇	
嚫儀單銀	一八九四四〇二一	
利息	一二一九一九〇〇	
捐稅	二六七二一二八	
雜付	二五二四八一七一	
共計	一四〇三三九一三九	
計益	七一四八九七	

說明：

(一)本表依照歷年損益表AB相加之總額編成。

(二)廿七年度利益部分之兑籌係應付兑籌兑還之利益，亦已于損失部分之兑籌減去，故不再排列。

(三)計益七百十四元八角九分七厘係總益減去總損之淨數，亦即本寺重興八年之純益額。

43 26

B、存該總表 民國三十年十二月三十一日止

資產（存）之部 帳戶	金額（千／元）	附註	負債（該）之部 帳戶	金額（千／元）	附註
生財	六八八一四六五		應付票據	二七○九五○○	（附表乙）
建設工資	二一九五九三六○		應付店賬	五六九一五三	（附表丙）
應收法事	八五五○○○	（附表甲）	應付利息	三六八三七○○	（附表丁）
現款	八八○九○		暫記往來	五○二五七七五	（附表戊）
前任舊債	八九八七二七○		借款	二六○六八一六○	（附表己）
共計	三八七七二一八五		共計	三八○五六二八八	
			計盈	七一四八九七	

說明：本表依照歷年存該表最後一年度編成，唯不列歷年盈餘之帳戶，故資產總額減去負債總額所得淨數，適符上表之純益額，以示本寺重興八年經濟確實盈餘之佐證。

第六項 寺誌

辰、建寺

延慶寺縣東南二里許（採訪）周廣順三年建，曰報恩院。宋大中祥符三年改名延慶（寶慶志），稱天下講宗五山之第二（府志）。嘉祐間（原案文作天聖間，攷曾公亮入相在嘉祐六年，則置寺田當在此時，今改正）丞相曾公亮置田闢舍。建炎兵燹

圓辯復建又剏起信閣閩志紹興十四年賜敎額嘉定十
三年僧以大悲像小欲修之剖其臟書云動也者水火
為災未幾寺火像滅丞相史彌遠重建寶慶志扁曰南湖
福地元至元二十六年火僧善良重建延祐志嘉定元年火
元统元年本無重建起信閣至正志明洪武四年圮十二年
復建二十年建羅雲堂永樂六年重修淨土殿塑湧巖
等像十三年建方丈塑四天王像宣德三年建禪悅堂四年
建塔院於大雄殿東正統八年建鐘樓經閣景泰三年
重建大悲殿成化三年卜羅雲堂西南隙地建能仁堂成化
志萬曆五年重脩寺及羅雲堂三十二年募脩佛殿四十六
年重脩山門　國朝順治間羅雲堂山門俱圮康熙七年鐘
樓圮十一年觀堂僧照生重建二十三年正湮建僧室閩志嘉
慶間大悲閣燬周志道光六年後法堂燬十二年大殿傾圮十
七年僧毓材重建後法堂禪堂齋堂廚房浴室十九年重建
大悲閣採訪二十三年鐘樓圮二十九年重建大殿周志同治五年
建育德堂於寺東偏採訪（集省府縣志）

巳、崇祖

淨光尊者羲寂字常照永嘉胡氏母初懷娠不喜葷血

及產有物蒙其首若紫帽然梁末帝貞明五年己卯生幼白二親求出家
乃入開元依師誦法華朞月而徹年十九晉高祖天福二年祝髮具
戒詣會稽學律深達持犯乃造天台學止觀于竦法師其
所領解猶河南一徧照也僧傳云蒲州不聽泰河南一徧照（錄綂紀八卷六）
寶雲尊者義通字惟遠高麗國族姓尹氏後唐明宗天成二年丁亥歲生
梵相異常頂有肉髻眉毫宛轉伸長五六寸幼從
龜山院釋宗為師受具之後學華嚴起信為國宗仰
晉天福時来遊中國師于天福末方十六七正受具學華嚴之時来中國應在二十後以歷推之當在漢
周之際今言天福恐誤至天台雲居韶國師所居忽有契悟及謁螺溪聞
一心三觀之旨乃歎曰圓頓之學畢茲轍矣遂留受業久
之具體之聲浹聞四遠一日別同學曰吾欲以此道導諸
未聞必從父母之邦始乃括囊東下假道四明將登海舶
郡守太師錢惟治忠懿王俶之子聞師之來加禮延屈咨聞心要
復請為菩薩戒師親行授受之禮道俗趨敬同仰師模錢
公固留之曰或尼之或使之孟子行或使之止或尼之尼乃禮反非弟子之力
也如曰利生何必雞林乎高麗別名師曰緣既汝合辭不我卻
因止其行開寶元年本朝太祖漕使顧承徽屢親師誨始舍
宅為傳教院請師居之太平興國四年法智初從師

學（師年五十三 法智年二十）六年十二月弟子延德詣京師奏乞寺額七年四月賜額為寶雲雍熙元年慈雲始從師學（師年五十八 慈雲二十二）師敷揚教觀幾二十年升堂受業者不可勝紀（錄統紀八卷七）

法智尊者知禮字約言四明金氏（世傳所居在郡城白塔巷）父經以枝嗣未生與妻李氏禱於佛夢神僧攜童子遺之曰此佛子羅睺羅也因而有娠暨生遂以為名（太祖建隆元年庚申也）神宇清粹不與眾倫七歲喪母號哭不絕白父求出家遂往依太平興國寺洪選師十五具戒專探律部太平興國四年（太宗）從寶雲教觀時年二十（錄統紀八卷之九）

坿註：法智大師以下諸祖、可檢佛祖統紀列傳、茲不備錄、唯傳承本寺之法脈、餘緒隱晦、難衰正統、降至晚近、若靜安之一脈、實臨濟兒孫而荷肩天台祖庭重興者、隱當法門絕續之際、承法受業者、任重而道遠、豈可忽諸。

午述興

法春為重興本寺改選住持案

1、呈鄞縣縣政府 鄞縣縣黨部 鄞縣佛教會 為呈報改選住持經過情形檢坿選舉票暨會議錄等祈鑒核備案由

具呈人鄞縣延慶寺法春僧宗湛等呈為呈請備案

45

事窃僧宗湛等均係延慶寺法眷因延慶寺現任
方丈僧榮智任職以來已歷十二載依照叢林習
慣及法眷成例早應改選故由鄞縣佛教會指令
榮智於本月廿一日下午一時召集各法眷開會討
論改選住持問題到者延慶寺法眷宗湛式章華
定明道諦融道慶靜安榮智及鄞縣縣黨部指導
員陳箕鋆鄞縣佛教會監選員金夢麟及諸山式
昌安心頭陀授妙建逵靈傑等三十餘人公推監選
員金夢麟先生為臨時主席经當事僧靜安榮智
宗湛等報告檀越毛安甫先生解釋鄞縣縣黨部
代表陳箕鋆先生指導並公決前任方丈僧榮智應
退任後即由法長僧宗湛式章華定諦融道慶靜安
榮智等八人採用双記名選舉法舉行選舉结果以
僧靜安得五票當選為延慶寺继任方丈僧式章僧
宗湛各一票徑拈鬮以僧宗湛當選為候補继任方
文同時議決之案(一)關於延慶寺所有債權債務
一案決議①延慶寺所有債權債務(除前任者之
私債外)自继任者接收日起移轉于继任者但其

數以九千元為限②如継任者于其任期内不能將此次移轉之債權債務如數理清而適值任滿或因事去任時得將未理清之債權債務援例移轉于後任(二)関于方丈任期一案決議決定方丈任期為六年連選得連任之(三)関于接任及接收移交一案決議決定於本年一月二十九日為継任者接任之期同時接收前任之移交等議紀錄在卷除分呈並分行外理合備文呈報改選經過情形並檢同前項選舉票七張會議紀錄一份呈送鈞會仰祈鑒核備案實為德便

謹呈

鄞縣縣政府　鄞縣縣黨部　鄞縣佛教會

附呈延慶寺方丈選舉票七張　會議紀錄一份

延慶寺法眷　宗湛　華定　式章　明道　道慶　諦融　靜安　榮智

民國二十三年一月二十三日

46 38

2、
鄞縣縣党部通知書訓字第四七號
為通知事據改選延慶寺方文並附會議錄請
予備案等情已悉
右通知
延慶寺法眷宗湛等
常務委員左洵
中華民國二十三年二月五日

3、
鄞縣縣政府批秋字第三五號
批具呈人延慶寺法眷僧宗湛等
呈一件呈為依照成例改選方文請予備案由
呈及議事錄均悉應准備案件存此批
縣長陳寶麟
中華民國二十三年一月三十日

4、
呈鄞縣佛教會為請派員蒞臨監交由
呈為呈請派員監交事案查鄞縣延慶寺繼任方
文已于本月二十日下午一時正式票選靜安當選業

由僧宗湛等呈報鈞會核備在案茲定於本月二十九日上午十時就職同時接收前任之移交理合備文仰請派員出席監交以昭鄭重實爲德感

謹呈

鄞縣佛教會

鄞縣延慶寺继任住持靜安

中華民國二十三年一月二十五日

5、致十方諸山公函

逕啓者鄞縣延慶寺继任住持已於本月二十日下午一時正式票選 靜安當選業由 師叔宗湛等列名呈報鄞縣縣党部鄞縣縣政府鄞縣佛教會及備函奉告 十方諸山長老法眷各在案茲定於本月二十九日上午十時接收前任之移交相應函達即希 查照仰請到場監導以昭鄭重勿却爲荷此請

公鑒

鄞縣延慶寺继任住持靜安

47 39

說明：會議記錄曾油印附發各界、原件保存、選舉票由佛教會保存、

地方官紳本寺法眷首領公議選舉重興天台教觀住持案

1、官紳啓文

伏思　劫火燒天、賴修羅以不墜、仁王護國、必身土之交嚴、自非潛孚默牖之功、孰繫剎復貞元之會、鄞縣南湖延慶寺、為高僧法智大師道場、大師性海窮源、宗風遠被、所惜祖庭荒落、接軫無人、賴靜安和尚整葺頹綱、聿新名蹟、棠觀勝昔、心力交殫、終因蒿目時艱、莫回退志、伐近郊之鼓、而安公不廢翻經、建精進之幢、惟佛力可銷巨劫、緬懷故業、宜攬弘規、恭維

興慈講主大法師、夙闡教觀、等慈接物、智燈獨擁、心月孤圓、人稱皮裹法華、總持若案、眾服足行經藏、千偈翻瀾、遠追智者之遺踪、近住仙靈之窟宅、大開講肆、直斬疑關、不徒江左名卿、咸餐道味、若

問襄陽耆舊、早服雄詮、是宜殫壓羣英、單提智印、管領南湖風月、不懼狂濤、盪除東土腥羶、盡收毒霧、中興可望、衆議僉同、天作地藏、若待斯人而後發、珠回玉轉、益闞尊者之前徽、挾一瓶一盋而來、敢三沐三薰以請、謹啓

徐　箴　俞濟民　周大烈
吴涵秋　陳如馨　李子堅
毛篨生　徐葭璀　毛安卿
郭荷祉　趙柏頎

民國二十九年二月一日

2、本寺法眷首領聯名請書

敬肅者、明州延慶寺、雄礦東浙、勝踞南湖、為四明尊者道場、亦台教中興靈域、歷年九百、興替迭更、近乃名存實亡、祖庭衰落、民國二十三年春季、謬舉静安継持法席、思振頽綱、受事於法門秋晚之交、國步顛危之會、始則重修寮宇、釐定清規、恆年緇素咸遝、欝然復為十方叢席、継則丈量界址、故疆寺産、以次贖回、四易星霜、

48 40

榮觀漸復、葺頹補毀、初完拓築之功、踵事增華、
欲殯名藍之舊、舉凡積逋之調整、寺務之更張、
罔不慘淡經營、拋殘心力、中復數延名德、屢啓
經筵、甕輯　四明秉教之遺文、鈎索幽谿已亡
之寺史、捜嚴綱海、倫脊粗完、方謀重建山門及
放生池、疏濬日湖、就湮之水道、（施工計劃已
呈奉鄞縣政府令准備案）以宏慈護、藉助
雄觀、而大劫飛灰、近郊伐鼓、連天烽燧、無地
安禪、螺鈸失其清音、法侶遂多星散、前功未
竟、一簣猶虧、静安智索能殫、惟有及早乞身以津法
梁來學、顧海難填、豈人謀之不臧、抑天心之難
問、初衷耿耿、來日茫茫、此静安等寢饋旁皇、昕夕
虞其隕越也、伏思
上興下慈講主老法師、高提智印、遠紹宗風、性海探
源、緇流崇仰、扶衰起廢、台山之落蘇方新、沃
後光前、祖席之荒蕪可念、前經静安等提請當地
長官檀護、一致公推
老法師為本寺住持、衆議僉同、龍天感悅、惟望

俯從羣請，宏濟艱難，益大前徽，共循埻臬，不惟一寺安危所繫，亦興宗門續絕攸關，庶數載微勞，藉手可償其夙願，而千年法會，身雲猶涌於虛空，敢持旛擁帚以迎，竚振錫浮杯而至，謹啟

鄞縣延慶寺 靜安 根慧
道清 芝峯 澹雲
靜培 昌義 靈注
亦幻

民國三十年古曆九月初一日

3、浙江省第六區行政督察專員徐士達居士手書

興慈大法師道席，延慶為明州古剎，台宗妙傳，此間緇素，均盼卓錫惠來，丕振教宗，弟亦傾渴久之，用再申箋速駕，佇望弘法，專此敬頌

慧祺

徐箴和南 二月二十四日

4、鄞縣縣長俞濟民先生手書

興老法師座右，久仰

49 41

道範無緣親炙殊深企念四明延慶原爲
佛地今乃廢墳已極如之何可以重暢宗風
務希
法駕賁臨以慰衆望耑肅祗頌
道安　俞濟民拜頓　三月廿二日

5、地方紳士公函

興公老法師座下客冬
高轅過甬幸侍
巾瓶味
道餐風如承甘露津梁末法非
公吾誰與歸也南湖延慶寺靜安長老年來
因戰局影響退志彌堅寺內法眷曁甬上官
紳一致虔聘
法師繼登丈席　秋等亦廁名簡末嗣聞退回
公啟僅允從旁贊助雖徐士達司令等諄託
滬友代申前請仍未
慨從當懸　秋等誠信未孚無以上回
慈意承　命之下惶愧萬分而　秋等耿耿之衷

藴而未達顧以闡諸
獅座惟
尊者少有察之延慶為台宗中興靈域起衰未久
静安長老集亦幻芝峯十數師僧之力始克漸復
其初今以無法措持又不忍委諸啞羊之輩始推
尊師出任艱鉅其用心不為不篤亦不可為不深
當地官紳以
尊師適東台宗足紹四明之緒光前裕後義不容
辭故樂贊其成從旁恭為促
駕蓋自黃涵之居士禮請 卓三老人闢地觀宗
以後久未見合德同心如此次之度且慎也宗門
任持之進退宰官居士可預議亦可不必與聞若
目擊劫火洞然與一國文化史宗教史有關之聖
地祖庭盛而復落有不容坐視其敝不亟為之所
至挽
台宗嫡子以延其世業似亦情之所許
尊者當不以多事而訶之延慶債務纍纍誠煩顧
慮但寺中所有借欵幾無一不出於整理寺務之

50 42

需以延慶現有之法物室廬指歷年增修重葺者豈止足抵三
萬餘元之數債權者當日深知其用途正當樂以
巨金相假責償亦不甚嚴現由某某法師將歷年
負債及現存器物實數疏列詳單寄呈
尊師審閱並託某某法師一一詳陳寺內舊逋及
善後問題　秋既略助於前今後仍當竭其棉力決
不至以此貽累
大師此點若可釋然其他枝葉皆可迎刃而解惟望
尊者以扶衰振敝為急毋以謙退省事為懷毅然
管領南湖措
祖庭於泰山磐石安上仗
威音以消巨劫　秋等雖不足當楊文公之一脛毛而
尊者之為　四明再來則可決定無疑願
公上慰　四明於常寂光中下亦勿孤同人之望
也懇款瀝陳不勝頂祝瞻依之至
環誨請寄寧波應家弄敝寓　恭叩
福安
　弟子　吳涵秋　趙柏廎等謹肅三月十九日
未、文獻

已著手蒐集法智大師全部著作及法智下列祖著述甚多、擬編為四明大師叢書、暨本寺光教文字行世、茲姑錄徐士達居士撰叢書序於后

四明大師叢書序

佛法入東土後至六朝時、已有十宗分衍、隋開皇初、智者大師集佛法之大成以宏天台宗、江南景從、一時無比、迄今千四百餘年、東土之学佛者、莫不知有天台宗、感人之深、從可知矣、抑考五代之際、干戈擾攘、宗風漸以不振、至宋初而能復興之者、實爲四明大師、大師姓金氏、字約言、出家後名知禮、甬上人也、故稱四明尊者、宋大中祥符二年、卓錫于鄞之保恩院、即今鄞城南之延慶寺也、大師生平講学修懺最勤、而著述亦三十餘種、頃延慶寺將刊大師叢書、以宏台宗、以度來者、事甚盛也、適索序於余、不敢以不慧辭、余試繹佛法而淺言之、佛法以貪瞋癡為戒、以施慈慧為主、倘能是二者、則民族可保、國家可强、世界可進大同、推其極則茫茫大地即成淨土、芸芸衆生莫非佛子矣、昔岳武穆有言、文官不愛錢、武官不惜死、則天下太平矣、夫愛錢為貪、惜死乃癡、

51

不惜死而愛錢者雖貪尚不失為勇，不愛錢而惜死者雖怯而多害于事，降格以求，猶可用也，所最可畏者既惜死且愛錢，天下事真不可為矣，若夫不貪不癡者，求之古今豪傑蓋鮮備焉，故武穆公言之，然佛家之所以成人者亦特初步耳，大師年五十七歲時修法華懺，欲焚身供養妙經，真得了脫生死之諦者矣，今時艱方殷，來軫且難，世不乏傑出之士，每以大無畏精神自勵者，盍取佛家書而讀之，以堅其志趣乎，若大師叢書於天台開示悟入之旨，尤為捷徑，學者所不可忽者也，書付梓有日矣，敬為之序

中華民國二十八年九月十三日　浙江省第六區行政督察專員

徐藏序

備忘之一（移交簿據）

（一）法規項度集卷宗成一匣

（二）產業建設項之田畝基地契証分為二類如後

第一類：田畝証據

本寺洪楊亂後，益中落不振，寺基亦為俗人侵佔，遑論契據，茲幸留大業數十畝，差為守門之道糧，倘轉

福為福之氣運也、今列殘証于后
1、東南二鄉大業祖簿一冊
2、民國元年起註户糧串全份
第二類：寺基契據
下列契據、悉屬寺基部分、但本寺田畝基地兩合、每年應完糧約百畝、註檢实存總數、僅及八十餘畝、如何遺失、尤宜調查也、今將贖回寺基証件列后
一、舊證
1、官核育德堂契票簿一冊
2、地方審判廳土地圖式一份
3、登記證一份
4、地形圖一份
5、市政府登记草書一份
二、贖契
1、樓寶生契據二張　合同二張
2、樓阿炳契據二張
3、陳同茂契據八張　户會一冊
4、王来夫契據一張　登记證一份

以上各户登记証書卅五年因向鄞县政府地政處掉換本寺基地土地所有權狀共五份故大半為該處收回所留者今後亦無用處
六、十五

5、俞貴卿　契據一張　登記證一份
6、陳韓氏等契據二張　遷移據二張
7、虞阿定　契據二張　登記證一份
8、徐榮富　契據五張　登記證四份　官產一冊　執照
一張　營業戶冊一冊　業戶一份

三、營建

1、卅寺基營建費用表一冊

說明：右列之經費數字全屬工程買贖等之正項開支，若登報酬謝工食及觀宗寺之築路津貼等，皆不與焉。

(三)功德項之簿據

1、萬年水陸功德名庚二冊
2、法華靜七功德名庚一冊

(四)經濟項重興已來收支帳冊如下

1、流水簿十四冊
2、總清簿十二冊
3、其他補助簿　冊
4、決算表底簿三冊

(五)寺誌項材料之蒐集

1、抄集省府縣志材料成二匣（未加整理故不编目）
2、抄集法智大師全部著述及諸祖作品十六冊
3、二任選舉案卷一匣
4、蒐集宋石待問等碑記文字及一峯和尚請龍藏奏文等成一匣

備忘之二（移交工程）

1、放生池應籌款完工
2、大殿長聯應貼款完工
3、大殿大鐵五事應擇時完工

印孫春生王元齡樂助二聯
已於卅六年完工

備忘之三（移交圖樣）

1、山門圖樣二幀
2、日湖施工工程計劃說明一張

備忘之四（移交器具）

說明：戰爭數年中本寺器具類物件為各團體檀施等借去者甚多茲概不登記造冊後有送還作為新置

備忘之五（移交人事）

說明：此八年中參與祖庭重興工作者僧俗咸盛本寺所有序執名冊一本列執名冊一本護法名冊一本同住名冊數本悉於戰時遺失茲

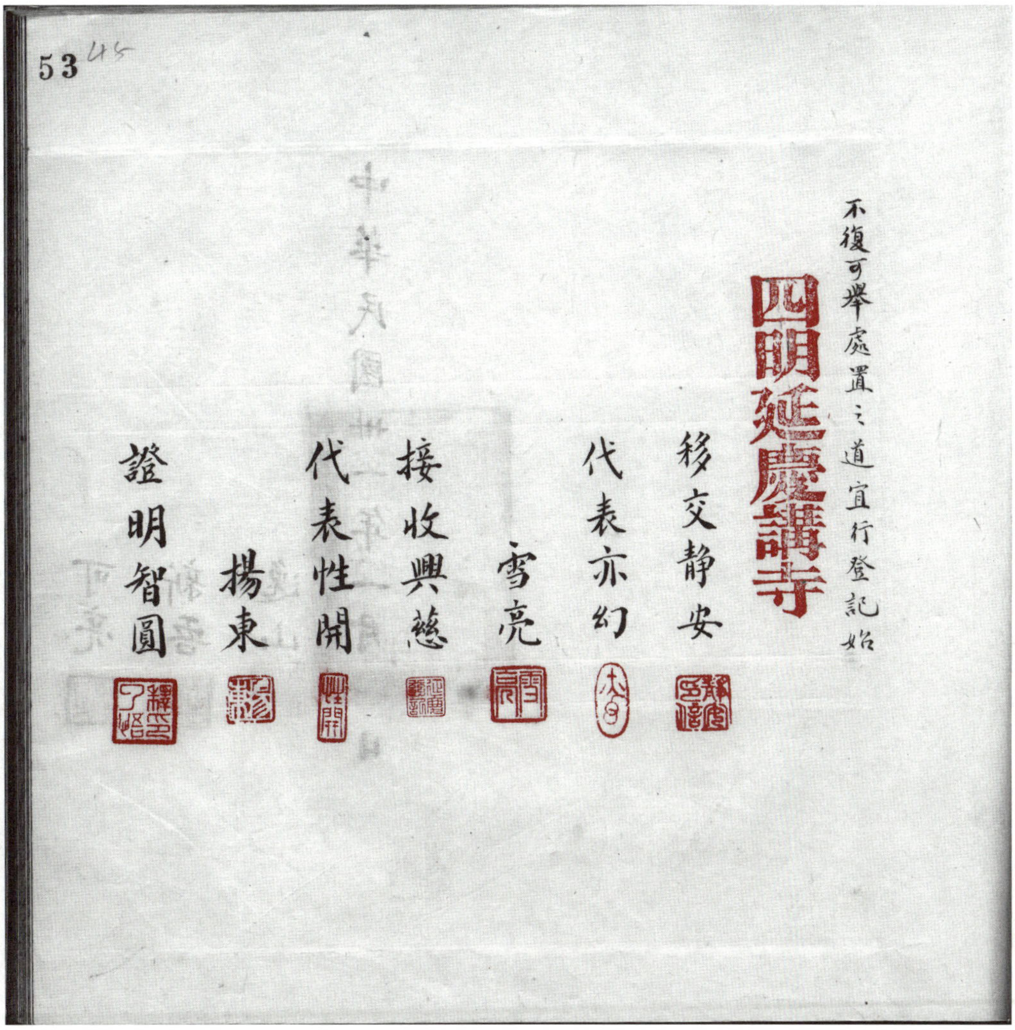
53 45

不復可舉處置之道宜行登記始

四明延慶講寺

移交靜安

代表亦幻

雪亮

接收興慈

代表性開

揚東

證明智圓

46

可亮

新吾

逸山

中華民國卅一年一月一日

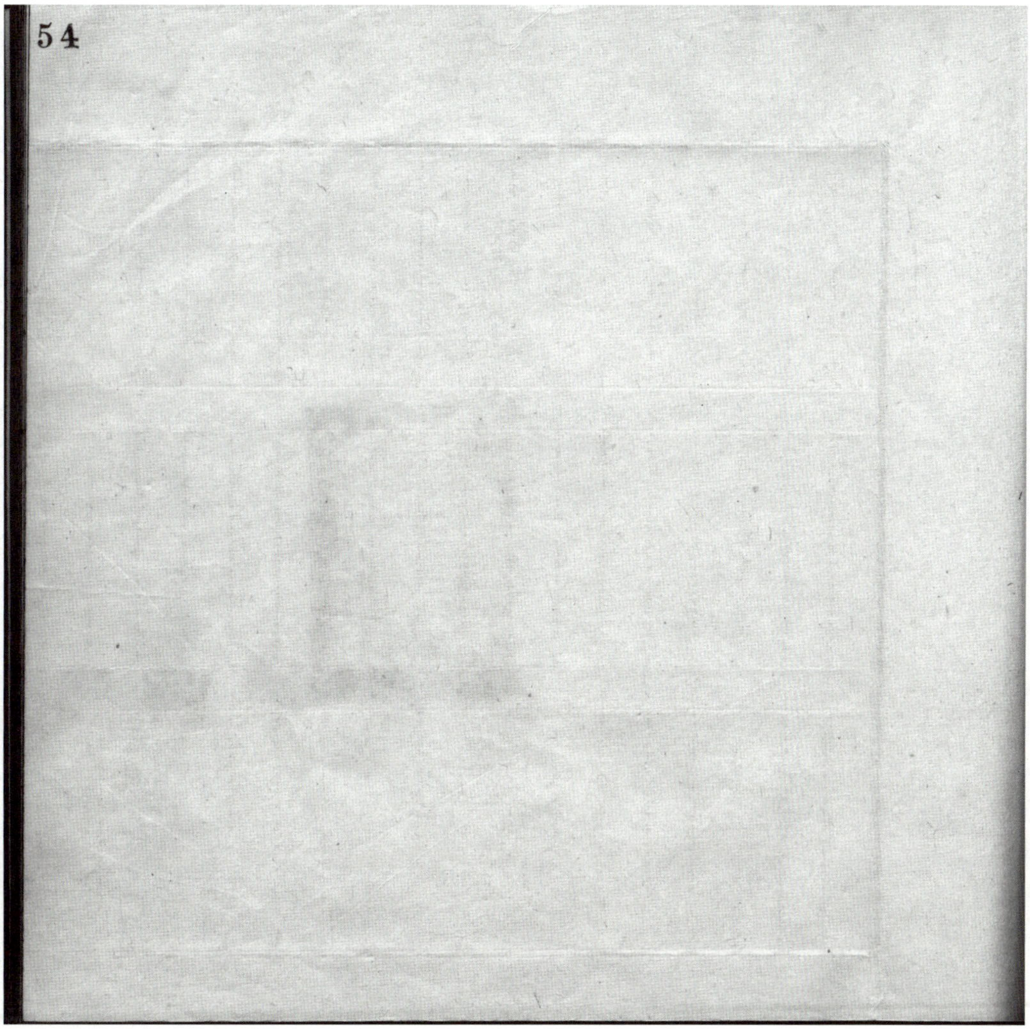
54

延慶寺接受佛事通告

本寺爲四明古刹惟以洪楊亂後劫餘屢經興復旣易民國廿三年春發起重興聚衆千丰朝暮禁修頹振百年衰運逮抗戰軍興駐兵廿次重興元氣又復消耗殆盡務利以還承各界護法善信借??國勵日??自偈勵銳意修頓內部今?規模漸復堪應施主佛事茲定於上元日起開始接受佛事如蒙各界護法以??生度亡功德并代辦?茶相委託者請任寫本寺庫房接洽爲荷??未週知特此通告

延慶寺住持興慈代理亦幻　都監體具　監院華莊謹啓

（本寺電話二六六三）

延慶寺恢復
接受施主佛事

▲定期啓建法會
▲祈禱世界和平

本埠南門延慶寺，爲吾甬之大叢林，寺基佔地三十畝，寬敞幽靜，現主持中興寺務者，爲亦幻法師，茲各界護法緣熟，已於上元日宣告恢復叢林人事規模，接受施主佛事，並聞定於古歷三月朔日，由前浙東行署主任杜時霞大居士發起，邀請本埠各界名流，啓建祈禱世界和平人民康樂維摩詰經法會，敦請某大法師蒞甬，開講鳩摩羅什譯本經云。

47

四明延慶寺法華道場募修疏

至理真寂、法爾常然、有佛出世、無佛出世、不增不減不生不滅、是一法而攝萬有、融億剎
而入微塵、文殊失其辯、舍利失其才、阿難失其聰、目連失其力、三世諸佛爲之舌撟、歷代
祖師爲之口閉、天何言哉、星辰炳焉、地何言哉、萬物生焉、聖凡不二、生佛一如、渾淪法界、
洞徹玄微、豈非不可思議者歟。昔釋迦如來捨王位而出家、終成大覺、證此不可思議之
法界、即衆生本具之性德、無欠無餘、常攝常融、昧之沉淪業海、悟之粉碎虛空、乃強於無
言說中施種種言說、四十餘年、作漸說頓說、權說實說、至法華會上、始顯貧傭原爲富兒、
弊衣裏有明珠、舉手低頭、皆成佛道、若讚若謗、俱作勝緣、廣羅羣品、盡入醍醐、如繁星之
耀明月、衆山之聳須彌、法華爲諸經之王、信非虛然。當中國陳隋之際、誕生智者大師、深
契如來出世本懷、證入法華三昧、於佛之出世大事因緣、和盤托出、於衆生之性具妙諦、
當體全彰、天台一宗、古今推爲獨得法華之妙、良有以也。四明延慶寺者、爲宋時法智尊
者弘揚法華之道場、教觀等持、懺講兼修、元明以來、薪傳繼續、法席衍開、龍象稱盛。洎乎
有清、漸入衰微、逮至民國、愈轉廢弛、講筵塵生、寺宇圮毀、而絕好莊嚴之法華道場、未淪
於荒煙蔓草之墟、亦云幸矣。茲者住持靜安和尚、座元萬定和尚、炳瑞和尚、知衆根慧和
尚、都監芝峰法師、監院悟開法師、亦幻法師等、承釋迦如來之使命、踵法智尊者之芳規、
勇發大心、誓願重修、屋宇之陋者葺之、隘者大之、樸素梵潔、淨妙莊嚴。延請名德、建立四
明教觀道場、設妙法堂闡其教也、立法華壇修其觀也、目足兼資、昕夕懺講、以弘揚法華
爲全寺綱宗、不唯於衰頹之佛教豎一法幢、亦於今日之人間世廣播法音。唯冀
各界善信展轉勸募、集腋成裘、聚沙爲塔、將見人登仁壽之域、物適長生之春、謹抒蕪言、
[illegible]沙門太虛謹疏。

法智大师出家處

太平兴國寺，在西南隅木蘭橋西、

唐时建立，廢时無考。

唐開元二十八年建，為太平兴慶寺。宋太平兴國八年、賜太平兴國寺額。有子院三：曰浴院、經藏院、教院。先是循旺橋側（即石柱橋）水中有泗洲像、时見光景，没水求之，長尺許，因加嚴飾、崇奉于寺。嘉定十三年火，教院重建，經藏院徙建于舊寺之東偏。元至元十九年、至大二年連燬。（録民國鄞縣通志輿地古蹟）

延慶寺 附設證人書院講會

證人書院、本山陰劉宗周講學蕺山时所築者。黄宗羲為宗周弟子，其講学也以申师说，復舉講會於會稽时，亦以證人名。清康熙七年，其甬上门弟子請主鄞城講席，始講於廣濟橋，繼會於延慶寺，皆曰證人講會。后乃講於白雲莊，故全祖望作記，即題曰甬上證人书院。加甬上者，以别於劉氏之證人書院也。（録民國鄞縣通志輿地古蹟）

岑學呂手稿

海雲禪藻中部分僧人簡傳

己亥夏月連登題

《岑學呂手稿：〈海雲禪藻〉中部分僧人簡傳》的主體内容是《海雲禪藻集》四十九位詩僧之小傳及其著述，這些詩僧的著述録自《天然和尚年譜》。師尚老人岑學呂（一八八二—一九六三），原名壽齡，字鶴呂，佛名寬賢，廣東順德人。據扉頁紅字介紹，此份手稿是岑學呂先生抄録的五十位詩僧的資料彙編，作為今後研究之基礎。岑學呂先生所藏《海雲禪藻集》為逸社重刊本。《海雲禪藻集》，清代徐作霖、黄蠡編，選輯天然和尚以下「今、古」兩代詩僧及居士有關天然和尚及海雲寺的詩作一千多首。天然和尚門下弟子多為明朝遺民，人生境遇相近，題材風格相似，因此稱為「海雲詩派」，在清初嶺南詩壇上佔有重要地位。此份手稿中，岑學呂先生在抄録詩僧小傳及著述之外尚有新作，如開篇先録新見的今釋和尚詩作一首，並做有今釋和尚年譜，第四十九位詩僧小傳之後又加入了第五十位詩僧二嚴的簡介及評價。學術價值外，手稿亦有較高的書法價值，為研究岑學呂書法提供了珍貴材料。版式：框高二二點八釐米，寬一五點六釐米，半頁一〇行，行字不等，朱絲欄。

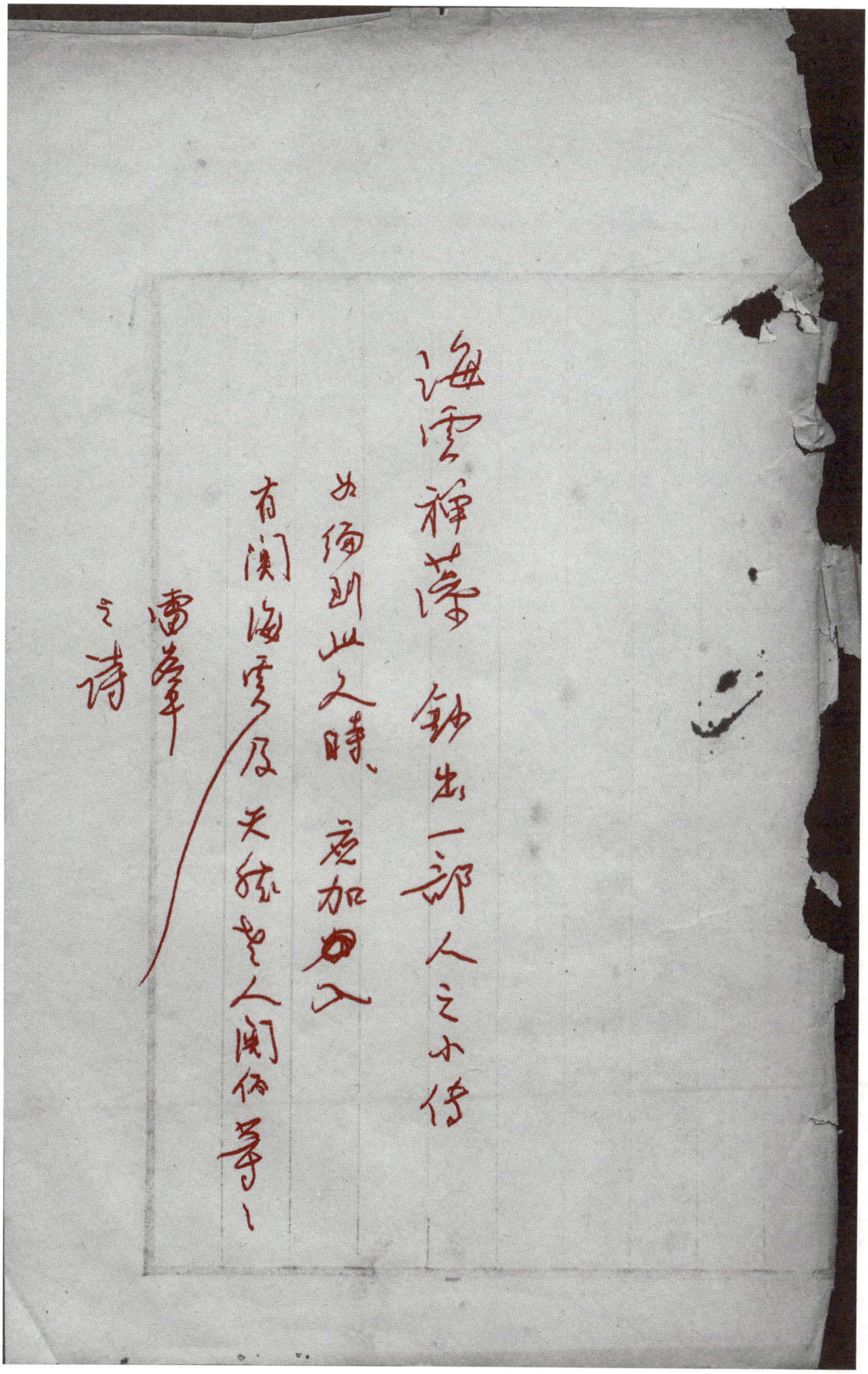

海雲禪藻 鈔出一部人之小傳
如編到山人時、應加入
有関海雲及天然老人関係等
當年
之詩

袁特丘送澹歸入山

破寺尋僧又五年香花重見昔人賢壁間高韻遲投老槽廠行人欲解禪谷口白雲何處入溪流黃葉甚時緣通玄頂上翹首憾滿目河山只偶然

【註】今釋字澹歸又號舵石翁本姓金名堡字道隱杭州人明崇禎庚辰進士官禮科都給事中韶州丹霞寺僧有徧行堂集行世

按海雲禪藻澹歸卅七歲出世桂林是年庚寅永曆四年順治七年可推定為生於甲寅萬曆四十二年次午五歲從方子春坤若授句讀頓悟絕倫以神童目之嘗與群兒戲逐入僧舍案有梵帙取而觀之

乃維摩詰經一覽至不二門恍如故物洞悉其義未卒讀遂辟兒
去目是心目嘗有所憶不能忘癸亥十歲學為文縱橫闔闢不
由繩檢從朱先生授讀方坤若所薦後見之曰此子非常人不當
於俗學求之以為非朱先生所可任勸易他師舉吳先生代之
業成舉博士弟子員文日奇放遠近傳誦丙子（崇禎九年）廿三歲登賢
書兩公車之資於母兄虞立蒸庚辰（崇禎十三年）廿七歲成進士廷試二甲第
九人京邸百費皆取給於虞初選州牧出知臨清值歲大祲旱疫洊至
民多流亡道隱方以撫字為急緩於催科遂以歲計去官辛巳（崇禎十四年）
李自成陷河南後三年甲申（崇禎十七年）三十一歲吏部尚書鄭三俊薦其才
未及用而都城陷南遷丁內艱乙酉（弘光元年 順治二年）杭州失守偕里人姚志

電話二二二六一

卓起兵山中興浙東諸軍遙爲聲援及江浙郡縣相繼瓦解脫身出走隆
武帝立遂入朝陳志卓戰功勸帝棄閩幸楚謂何騰蛟可依鄭芝龍不
可倚且曰中興天子須馬上成功皇上先爲將後爲帝湖南有新撫諸
營至尊親往效光武馭銅馬故事此皆精兵百戰可得其力若乃千
乘萬騎出入警蹕此承平威儀宜屏不用帝大喜語廷臣曰朕見全
堡如獲異寶八月擢禮科給事中以服未終力辭請賜敕印聯絡江
上義師從之既至浙中入大將方國安軍諸仕於魯王者詆曰堡已降
北來爲間諜耳王以語國安國安執堡鞫史陳潛夫曰堡何罪彼與姚
志卓起兵公所知也今其家且渡江來矣何罪而見執國安曰此鄭氏
意也出示芝龍書曰我今縱之去去勿入閩入閩必殺之我不敢得過

鄭氏也潛夫以告對曰我必入閩繳敕印倘中道死於盜亦命矣丙戌
（隆武二年 順治三年）卅三歲再謁隆武帝以敕印上帝欲奪情固辭不許芝龍
謂且大用也嫉愈甚大學士曾櫻曰上欲保全僧莫若聽其辭遂
以八月辭朝僦居楚之辰州山中無以消永日索書於鄰不得乃入僧
舍借梵典憶童時所覽經義儼然在心目遂從僧取淨名經僧曰
此大乘法寶也現居士身為說法固宜究竟遂啟帙授之更授以楞嚴
圓覺二經俾潛心焉閱竟乃發深信根知佛法之晄漸有出世之想
是月帝被清兵執遇害福京永曆監國於肇慶十一月即帝位兩
大學士蘇觀生別立唐王於廣州十二月清兵破廣州丁亥永曆帝
至梧州復出走平樂至柳州尋扺復桂林戊子（永曆二年 順治五年）卅五歲冬

詣肇慶行在授兵科給事中抗直不畏強禦遇事敢言甫受職疏陳八事劾慶國公陳邦傅十可斬并及文安侯馬吉翔司禮監龐天壽大學士嚴起恒時吉翔方倚上寵掌錦衣典戎政一切詔勅符印及奉四方關領吏兵二部文憑劄付悉關其手氣焰甚張至是頗懼盡謝諸務而朝臣各分氣類從李成棟來歸者自誇反正功（李曾附清陳邦彥為所殺）氣凌朝士從廣西扈駕至者大學士嚴起恒等自恃舊臣嗤諸人嘗事異姓久之乃分吳楚兩局主吳局者則為嚴輩主楚局者為李元胤有假山五虎之號以袁彭年為虎頭丁時魁為虎尾劉湘客為虎皮金堡為虎牙蒙正發為虎矢假山則元胤本姓賈識諸人倚之以張威也乙丑（永曆三年 順治六年）卅六歲既劾邦傅大怒

是年奏言堡謂臣無兵無將冒濫封爵請即令堡監臣軍觀臣
十萬鐵騎且堡等宜臨清曾受僞命疏至朱天麟抵几笑曰道隱
善罵人今亦遭人罵耶因擬旨金堡辛苦何來朕所未悉所請
監軍可即集議蓋用杜甫辛苦賊中來語道隱固未嘗降賊見
之憤恚時魁因邀言官十六人詣閣訐天麟天麟遂引去官大學士而名
何吾騶黃士俊入輔卒不爲道隱所喜文章詆誹至八月去又劾
大學士王化澄貪鄙無物望經筵侍班面叱之化澄憤碎其冠服
不復入堵胤錫主功湖南其入朝也道隱劾其喪師棄地而結李赤
心等爲援張筵宴孫可望使者且面責之曰滇與忠貞皆國仇也
嚴罪治天公柰何獨與之昵胤錫失色徐曰我辛苦邊事如君言竟

無功耶道隱曰勞則有之功於何有朝士多不直之孫可望遣使
乞封王道隱以異姓無封王例七疏力爭及胡執恭矯詔封可望
秦王道隱請斬執恭以正國法可望以此怨恨愈跋扈其後又連劾
侍郎萬翔程源吳貞毓等廷臣無所不搏擊一月章至六十上是
時政出私門爵賞過濫道隱一切引繩批根由是諸臣必欲置之
死庚寅（永曆四年 順治七年）卅七歲正月奉命偕戎政尚書劉遠生宣諭廣州
諸將四月帝幸梧州陳邦傅統兵入衛乃修舊怨與吳貞毓等合
疏論袁彭年丁時魁劉湘客蒙正發及道隱把持朝政朋黨誤
國十大罪帝以彭年反正有功特議餘下錦衣獄瞿式耜聞之再
疏申救帝不聽大學士嚴起恆請對水殿不得入跪沙際求免刑

程源立御舟側揚言曰金堡即昌宗之寵方新仁傑之喪何在二語
當萬死蓋早爲飛語以撼太后都督張鳴鳳受密旨將困是殺
之乃即古廟中陳刑具用廠衛故事嚴鞫之榜掠慘酷道隱大呼二
祖列宗餘皆祈哀格賄以數十萬計盡以充餉獄成道隱時魁遠戍
湘客正法論贖已而李元胤高必正入朝咸爲道隱伸雪帝意
漸解庶吉士錢秉鐙因言堡被刑最劇左足已折相隨祇一僕
又墮水死安能蹤蹟萬里遠戍金齒乃改清浪衛適清兵至
押解走竄遂入桂林十一月十九夜道阻桂林夢被執至法場大
兩行刑者未至自念天向暮豈決人時耶既有持酒饌至者引
滿一盃復自念暇甚好作絕命詩也自吟自喜盡一杯酒取仡肉

未及嚥而噎遂寤徐理前詩則忘之僅得三十六年餘夢幻一語晨起
拈朝聞道夕死可矣成一義留守瞿式耜聞而索觀時張別山方客
之劉同庵客生兄弟丁金河蒙聖功酒酣耳熱歌呼未嘗間日夕
以左腳攣僅一遊龍隱洞十一月桂林破遂落髮茅坪菴名性因瞿
張被執於停驂中倡和與茅坪磬聲相響答而瞿張旋遇難矣瞿
張之得斂由於楊高士之哭請高士名藝亦（號二）癡而野史乃有僧性因
（即譜歸）上書定南王請斂瞿張事傳其書稿且言楊君初請不獲命
及性因書入定南乃許之楊君因得經紀斂事似其事皆出於性
因一紙之力葉調笙鷗陂餘話遂有疑性因事後偽撰此書以
冒義名後見王應奎柳南續筆始知藝請斂瞿張時性因亦

上書定南王請此事將援書過藝知已得遂不果上後性因以其書
遺瞿氏子孫瞿氏剞劂以行而不及藝由是兩粵吳楚之間但知收歛
二公者爲性因一書之力而藝更泯泯矣云云其實續集楊二癡傳
已特爲此事表明且謂藝藏此書歸遺瞿氏瞿氏既梓不復及藝
藝亦不言以吾一書掩二癡之義吾爲竊名瞿氏爲負德吾豈爲二
癡表微凡可以維挽人心隱情蔽善皆昧心也云辛卯（永曆五年 順治八年）卅八
歲正月茅坪主僧私度亡將騎兵數百騎兵數百大索庵内外三日
幾不免竟絶糧時全吾之創雖合右足短左足二寸許手扶童子肩
始能立既不克分衛凡一月得五飯餘惟擷生菜雜薄小米爲粥三
盌欲逸出須一便旋即饑火上焚面目俱赤靈田莫方伯有遺腹子

電話二二二六一

十五歲其母夫人遣人致語章念先人倘能一教覲孫對曰此非僧事
雖然饑不擇食西席不言束脩東家且勿計束飯當攜僧來乃負
佛像磬魚鐘鼓赴之曹三遊臨溪洞妻方氏卒是歲清兵破潯州下
南寧永曆帝進貴州壬辰永曆六年順治九年卅九歲棄莫氏館轂下東粵參
雷峰天然昰和尚入厨下充碗頭法名今釋字澹歸在厨親滌碗器
隆冬龜手不廢服勤器有釁缺典衣償之天然知為法器

香港中環大華棧出品

丙午（康熙五年）五十三歲迎天然和尚入丹霞未幾病作垂危天然親至榻前握手與訣曰汝前所得到此用不著只恁麼去許爾再來聞語於病中返照大生慚愧正觀萬念俱息忽然冷汗交流礙膺之物與病俱失從此入室師資契合頓忘前所得者天然乃印可丁未自廣州起歸丹霞戊申元旦始付法偈曰自到雷峰十六年掣風掣顛今日丹霞捉敗推向人天不教總棄著那邊嘖直舉無遮回護遂絕正偏休言祇這是難賺豆皮禪要天下古今盡溟涬乎豆皮長處而不知所以然時天然住丹霞充西堂春至南雄秋九月自螺川歸則丹霞下院龍護園將慶落成庚戌春至肇慶辛亥春扁舟出清遠峽抵珠江冬天然赴歸宗請留丹霞畢創

造之爲王子休夏丹霞龍護園癸丑冬之匡山甲寅春還山瀕順衆請
繼天然老丹霞西堂匡徒四方聞風瓶笠雲集堂室幾不能容概
以本分人一味真實野狐禪輒不去之一時會下多真參實究之士
至白首丹霞足不下山有古德之遺風爲前集詩文止於是歲乙
卯丙辰在丹霞前集刊於丙辰丙年已六十三康熙十五年丁巳在丹霞退
院戊午請藏嘉興以院事付同門樂說辯六月出嶺秋舟次南昌
訪蕭孟昉十一月滯留當湖己未孟夏過金閶庚申康熙十九年六十七歲
春自雲閣扶病至平湖居陸孝山園亭秋示寂嘉禾時八月九日示寂
前一日遍發嶺南道俗書及諸遺念囑侍者泰昆收遺骸棄於江
流侍者求偈示别舉筆書曰入俗入僧幾番入大如今兩脚捎空依

蓋一場壇儸莫把是非來辯我刀刀只砍無花果樹筆端坐而逝侍者如教荼毘不忍拔棄奉骨歸棲賢後遂丹霞建塔於海螺巖

澹歸身後乃經九十餘年至乾隆四十一二年間南有梵寺磨嶷之禍

鷗陂漁話云偶閱陳留年公牘載乾隆四十年閏十月純皇帝檢閱各省呈繳應燬書籍內有澹歸所著徧行堂集係韶州府知府高綱為之製序兼為募資刊行詩文中多悖謬字句自應銷燬因諭及高綱身為漢軍且為高其佩之子世受國恩乃見此等悖逆之書恬不為怪轉為製序募刻使其人尚在當必立置重典其書板自必尚在粵東著李侍堯等即速查明此書版片及刊印之本一併奏繳始知澹歸未出家前之集曾經刊過而已

電話二二二六一

銷燬後興黎里徐君冶伯晉鎔話其事冶伯錄其先德山民文達源雜
記一則見示云吾鄉李觀察璜字方玉乾隆中宦南韶連兵備道偶以
公事過丹霞寺寺中有廚封鎖甚固觀察詢所藏何物僧曰自康
熙年間至今本寺更一住持即加一封條所藏何物實未悉觀察命
啟視僧不能阻啟廚得一冊皆謗毀本朝語則明臣金堡澹歸和尚
手筆也觀察長子大翰從誦其文謂方今書禁極嚴此事舉發可
冀升擢是夕觀察持冊旋行室中適兩夜不寐竟惑於其子之言
白諸督撫入奏遂有焚寺磨骸之命寺僧死者五百餘人丁酉觀
察入覲卒於京師大翰後由刑部員外擢知漢陽府將抵任忽覩
一僧衣紅袈裟入船猝病卒於麻城自後李氏凡有英儁之才

必早世歿時必見和尚吁異矣據所記觀察入覲在丁酉是爲乾隆四十二年其獻冊之舉當即後於燬板之事乎餘是游寺啟厨未必非先已有意所獻之冊亦必更在前燬刻之外者故得禍亦更酷澹歸身後何意忽遇李氏父子然高綱實先引其機也澹歸詩語刻而意厚多閱歷過來語亦見道力其未出家之詩則頗慓悍如天寥自撰年譜別記載其感憤詩十絕句之一云盡君寃血已曾乾逐賊先聲借可汗不出淮南一寸土大家且做自家官又嶺海焚餘有鏡歌十首之一云截指盟心質上皇此心不變變陰陽黑風五月如拳雹楨答將軍氣似霜又檇李詩繫載其梧州詩數首有傳堡死杖下者稼軒先生慟哭數日聞之悲感云已拚萬死一心灰肯

肉摧殘未覺衰聞道相公頻慟哭欲搜遺稿慰泉臺千秋知己傷心事萬里孤臣薄命才不覺露沾襟都是血游魂原擬桂林來前從軍行云四海之內皆戰場野亂食肉如犬羊丈夫中夜拔劍起安得坐視乾坤荒閨中少婦攬衣泣身上吳鉤心上血出門轉眼不可期定為死別休生離我行不念閨中人閨中念我亡以為戰城南云戰城南鼓聲死士如流水退不可止婦人帶甲大夫之恥鐵騎連山四面來身如匹馬迎黃埃飛矢如毛寶刀折頭往穹廬身尚立天陰野黑懦鬼哭雄鬼顧笑生則辱雄鬼凌風雲懦鬼守骨肉肉已盡骨已枯懦鬼哭終柰何此皆為前後兩集所無者也

癸巳六月六日燈下作詩示世鎬誦

我昔辭家時乞紙記遺囑有兄許讀書不許學干祿傷哉
天下人空荒沒嗜慾性命委妻孥谿壑塡酒肉聞以讀書事
但取應科目古之勸學文云有千鍾粟玉女顏如花貯之黃
金屋父兄教子弟見聞纏積毒以此失人理亡身終滅國我
生遘陽九日車便傾覆謬欲信大義意廣才不足開口
逆要津殺機互相伏愧乏介石姿引去未能速乃於播遷
際孤根繫黑獄幸蒙浩蕩恩荷戈免刑戮桂林值土崩清浪
行甑觸晚身事三寶屢懷拔五濁此生已再生涼風豁煩熇
昨來桑山棲暫過毘陵宿九年一見汝歎汝淚相續汝母聞已

電話二二二六一

亡汝書記不讀蓋爲讖所驅勢亦有姿曲天性未易離世情良
可卜若使金道隱恥遠入俗整頓崔家風聲動親族汝作
崔家兇汝寧不自愧嗚呼人可死心死安可贖我行道路多
所見常數數天道畜好遠世胄膺顯戮鬼妻與兒女掠販如
轉轂豈能一主人常有萬鞭朴刀鋸兇則已何敢怨奴僕至
於編戶賤宛轉陷溝瀆意計不可量皇天亦已酷衆生業
力感惡果三相屬生既負人形死復遭鬼錄以此善思維樹心
應痛哭汝富感汝貧汝貧汝之福我若有田園汝已羅桎梏今
之爲儒者略無行與賊有心不知簡有身不知束汝當自精勤克
已養淳樸勿復卑待人待人多屈辱勿復高待己待己多孤

獨立於和合閒氣體長肅穆謹恭四威儀非禮如聽鞠衣不厭麻縷食不厭麥菽雜作微細工勞苦勤習熟安貧而學道斯為善自枝汝父山澤癯甘老伴麋鹿但得一把茆洗眼看飛瀑餓能隨十方不藉汝饘粥生死隨十方不藉汝棺槨一堆插火中青山照白骨汝自了汝事我自結我局但信我之言汝材天可篤

今覞字石鑑新會人族姓楊字無見英年即食餼泮宮才華
挺出有用世志及見天和尚往復數四遂篤信空宗參究益力
以居士悟入年四十二始落髮受具庚子入侍寮舉妙喜格物頌
渙然冰釋壬寅付大法偈云作露全風莫可追相隨來也又奚爲
暗明鑑盡無遮護獨荷全機賴石光甲辰領西堂後繼棲賢
席戊申移住福州之長慶未幾反棲賢幽居君谷道容寬深
著棲賢三十詠以見志洞上續咨家風允推克肖學士大夫多
傾心請益有直林堂全集行世

今壁字伋千東莞溫氏子幼通情典弱冠出世習毘尼于鼎湖聞天

然禪師偈道雷峰徒步歸之禪師一見知爲法器許以入室屢呈

所見不契尋于丹霞侍橐一言之下知解盡脱執侍彌勤、戊申元

旦興澹歸禪師同付囑己亥冬分座海雲未幾示寂建塔於寺

之南園

今辯字樂說番禺麥氏子兄弟四人皆有文名師季子也家貧事
世孝嘗學帖括于梁之佩之佩者即今之海發禪師也導以內典
梵行忽有所省求行脚僧引至匡廬天老人求爲薙染庚子遂雷
峯受具滿歸禪師闡丹霞迎天老人開秘法席師勵維甚力鞠明
究曠背不治席者數年從此悟入戊申解夏付以大法分座丹霞乙
丑老人示寂主海雲海幢兩山未幾應西粵永寧之請奉三世語
錄入藏會福州紳士請繼長慶師翁之席師從浙入閩鼓山爲霖
和尚慎於許可獨惓惓屬師丁丑示寂長慶白衣弟子陳宗柏建
塔于慧摽禪師之左有四會語錄菩薩戒經註疏行世

電話二二二六一

今攝字廣慈番禺崔氏子世席豐腴棄脫俗初參天老人早已留心宗乘老人曰汝要究竟此事非出家不可及歸即以世典分散諸子薙辮披緇依老人三十年如一日居侍寮最久後充雷峯監院諸職叢林籌建多所經畫期以徹悟為則己卯離亂中冒險入嶺老人知其有決定志隨處提撕時有進益後出嶺入淨成侍老人極力扶剎始枯却礙磨物於庚申付法偈曰已住廬山十二年水雲深處落機前于今解進竿頭步穩坐千峰跨五天時年六十二矣越六年示寂談笑自如命遺有度飛師蓋始終皆解脫云剎有槃雲遺稿

今離字即覺新會人族姓黄原名尚源邑諸生品行端恪嘲
笑不苟傳江門之學學者多宗之聞天然禅師闡法於訶林
謁請辯論儒釋宗旨披剃累日不覺自屈即日皈依落髮棄
家入生徒猶未知也戊子受具隨杖居雷峰爲一衆綱維頃
充華首棲賢監院再領雷峰監院離戒律精嚴博通三
乘教典行住坐卧默誦不輟方便度人一出於至誠藹和之
氣達於眉宇望而知爲有道尊宿癸丑往棲賢省覲老
人許遂雷峰付以大法遇咯血病作未承記莂以是秋示寂
廬山

今隨字止言番禺蔡氏子原名啟明字始生喜談論尚氣節因鄉亂其兄遇難遂無意于世盡散家產結納名賢父老逼其成婚正襟危坐達旦而逃己丑求天然禪師薙染受具命爲訶林監院頃奉書入閩省覲長慶師翁歸雷峯遇戒期推選闍黎時澹歸和尚登具心識其師資禮敬尤殊巾錫相隨者數載隨堅勇于辦道誠佛窟之爪牙年不逮行甚爲諸老所惜臨終老人偈示許其再來付囑時己亥冬月也澹和尚闡丹霞別傳寺宗報先德住興列焉

今應字無方番禺人族姓許己丑出世受具繼旋菴湛公爲雷峯監院慈忍謙遜人皆樂爲之用會修建殿宇欂櫨瓴甋全集應客審尺寸量材大小然後指麾匠石皆中繩度無竹頭木屑之遺人服其能殿之宏麗華固應有力焉惜工未竣己酉首矣族多善士出世爲大僧者尤多皆其勸導云

今鏡字臺設三水人族姓李年十七隨母出世求天然禪師薙髮稟具執侍丈室自小持船静室至訶林雷峯棲賢諸大刹皆屬綱維鏡行解精研爲同門所重事尼母尤孝人比之陳尊宿云丙申坐化不及擔荷大法時賢惜之

今嵩字山品番禺人族姓李母秦慈氏甚謹世亂寡居度不能全
先遺其子往依天然禪師于小持船供灑掃之役自與其女依禪
師之妹菴主來機丁亥同脫白嵩少聰慧足遍不受羈縶禪
師嚴束之不捨禪師察其誠復收為執侍始受具誨習禪定
頴悟出羣不可測度居雷峯與頓修漸公結茅閉關三年
出侍華首師翁戊戌度嶺游天台住靈隱徧參諸方禮繼
起禪師當機有省付以大法嗣濟宗

古春字破塵從化人族姓鄧原名瑻邑諸生弱冠有儁才不樂進取聞天然禪師道傾嶺南日游訶林門下竊聽餘論忽起疑情勃然有出世之志父兄不能強乙丑從戒壇剃落衣伽黎衣隨杖入雷峰時龍象騰踏法席最盛穎鋒無出其右者天老人甚器之因求道過苦寢食俱忘脅不沾席者年餘遂以病虓與足兩巖公鐵機洎公稱莫逆友

今嚴字足雨順德人族姓羅原名殿式字君爽邑諸生與兄寅皆有文名梁朝鍾梁祐逵皆呼為小友弱冠從天然禪師求生死大事己丑脫白受具其母頗知書相繼落髮嚴性孤高好潔不能容物遇非其人雖貴勢不肯冒接居雷峯丈室最久人罕見之戊戌奉命往嘉興請藏遂至歸宗閱大藏一周逾歲除日止一麋研覽不輟病遂雷峰愛棲賢山水之勝扶病往行居亡何竟以宿疾歿于五乳峯靜室嚴道念甚深知解明敏少弘毅之力故不獲肩荷祖道要之非禪宿所敢望也有西窗遺稿一卷秋懷百合諸詩尤為世所傳誦

雷語二二二六一

今如字真佛新會諸生姓黃原名　洵字龍禪師之父性慈和簡于言笑博通教典癸巳皈天老人出世登具隨杖居棲賢乙未後入嶺執侍華首師翁左右服勤華首入涅後往來廬山二十餘年依天老入會下深契道妙與石鑑覞禪師即覺離公爲性命之友年臘既深歸老雷峯一夕坐脫

今音字梵音番禺人族姓曾原名起霖字湛師幼聰敏為邑諸生
天然禪師從弟平生放達任俠形短而神爽爽一夕豪飲與友人訣
曰今夕盡此杯中物明日索我于金輪頂矣人咸未信先遣其妻祝
髮容裂衣緘分散書帙作詩志別潛附商舸入廬山求天然老
人脫白嶺上過華首師翁返粵為其落髮乙未在棲賢登具
戊戌隨天老人還雷峯研究祖道幾于忘生辛丑游羅浮坐
化華首臺上有古鏡遺稿一卷藏于山中

今祁字姜山新會莫氏子原名徽字思徽邑諸生少與邑人湯建
盍族弟莫幽蘅結方外之游覽勝弔古幾徧宇內向依天然禪
師決生死疑義至庚子歸始落染受具戊申為雷峰監院巾
錫至者恒數千指一僧困目眚辭去祁即其所居送之仰視西
日射入窗隙蹵然悔謝曰某甲身為監院竟不知公居止為西
爲所薄罪何可逭引咎不已自解所衣贈之其慈遜若此人
比之揚岐石隱諸尊宿云後居福州長慶坐化

今白字大年番禺人族姓謝原名凌霄邑諸生倜儻人也善談諸舉
止閑適詩文皆有奇思癸巳皈天然禪師薙染登具而值雷
峯建置梵刹工用不貲白發願行募人募三分沿門持鉢十
餘載叢林規制次第具舉所至之地方便接引者甚衆人皆稱
爲今白禪師一夕行乞即次端坐而逝既後數年有陜商某途
中遘疾垂危夢青衣數輩攝至一殿戈戟林列商至階檐捷
將及忽見空中金光燦爍殿上人驚起作禮商遂得脱道傍觀
者皆云爾等獲釋乃雷峯今白禪師力也商病甦趨雷峯
訪問始知師化已久慈願及于幽冥其永明禪師之流歟

今堇字具五淨起从公之弟少擧己卯孝廉原名龍子字田叔兄弟皆從天禪師講學課藝因其文二嚴大師出世長往不能踪跡堇亦退隱山林家無半畝之入携妻孥同館穀就食野服芒鞋蕭然自足辛丑薙染受具超悟出群為天老人所期許素有宿病不獲究竟一大事諭山惜之

今二字一有新會人族姓陳原名　邑諸生平生豪犖負大志不
肯少挫于人人亦罕近之者一見天禪師即戢身皈命苦求度脫
辛丑受具往來匡廬丹霞卒于清遠

今稱字闇者番禺人族姓蘇癸巳出世戊戌登具執侍文室三十餘年禪師居棲賢往來省覲不憚跋涉性脫畧不受羈紲脫白後始知書能強記習靜之力也

古海字似石璦山人十歲衣緇已亥登具隨禪師杖履特久超悟

拔萃蓋海外奇珍也

電話二二二六一

今从字浄起番禺人族姓李二巖大師長子原名雲子字山農明經與弟龍子皆有文名二巖即詞人李炯客㥠慨重節義晚華首既白从素持梵行居俗時與天然禪師結浄社於天闗文章道學皆有所師法禪師出世入匡廬从亦棄章縫隱於柏堂故里與其弟教授生徒丙午始隨禪師薙染命典教授俾諸後學請益焉从質樸不事華飾與人言真率無少迴護人雖嚴憚始終愛其直諒蓋儒之君子禪之耆宿也

今田字更涉東莞人侍郎王應華仲子原名鴻暹字方之邑諸生幼敏悟超羣貫穿百氏其父與天然禪師為法喜之交田少聞道妙乙巳在雷峯落髮受具執侍左右隨師住丹霞尋升記室凡有劄記經師指撥皆能暢發其意勇于求道將有證入一日過溪褰裳就涉至中流遇江水暴漲漂沒峴石之下禪師震悼不能已已人謂更涉之字若懸讖云

今讀字離言福建漳州人族姓　辛丑至雷峯依禪師會下彛
典賓舂後入丹霞

電話二二二六一

李佛字千一新會人李姓原名　邑諸生慷慨節烈士也世亂父為豪猾所害闔門老幼皆被其僇佛匿山澤間得免潛避親串家日夜思報父仇久之猾亦輕其孱息不復置念乘騎出入自恣戒備佛藏刃懷中詗伺得間一日遇猾道左立剚其胸割其首鳴之于官官憫其孝原之遂易服禮華首老和尚剃度受具充首座監寺後事天老人為棲賢典客卒於丹霞

古行字克彤順德人循圓通公族弟童子時與足兩嚴公同鄉塾世亂遂棄簡策慨然有出世之志以親老依戀子舍逮服闋至戊即入雷峯既白受具行募于吳楚越中積有勤勞丙辰嶺外阻梗老人念棲賢困阨音問闕絶閻闠無可使者行毅然請往至淨成順化

今端字毫現新會蔣氏幼爲章縫之士生長富室衣絲曳縞
持梁刺肥曉好茹淡服素視家世豪華忽如朝露初易儒
服于雷峯遂稟具隨老入主法丹霞推爲龍護園主龍護
乃丹霞僧鄧居雄州孔道能接待十方霞水久之遂雷峯教
習諸初學手不釋卷休老而終其子一子相繼出世爲寨元

今全字目無番禺人族姓許癸巳脫白受具繼無方應公爲
監院嘗雷峯建置之始會典直歲有功至今稱之

今印字海發順德人族姓梁原名瓊字之佩更名海發為邑諸生幼精帖括家言家貧不樂進取為人戲構一藝輒膺冠軍既自悔欺罔聊復自試遂冠群士謂士一試不遇即當摧鋒折輪豈能蘇而復上丁酉秋闈不遇徑衣方袍出嶺至匡廬皈天老人落髮受具研究祖道至于忘身戊戌隨師還粵頂禮返廬山掌記室確有所證入天老人默知其機緣有在遣參諸方至楚黃見天童和尚一語遂契付以大法命居西堂公年甫稜稜性方嚴而愛人無異於己年三十未有室誠古德再現也弟海岸後亦出世海幢

今洺字鐵機番禺人天然禪師族姪原名暐字自昭少饒諸
生名聞黨序有至行篤于友誼庚寅喪亂室廬妻子陷于
危城子身漂寓深自晦匿無復有人世意研窮儒者之學規行
矩步皆有準繩晚讀楞嚴經始洒然超脫于是入雷峰結茆
室與友人麥具三閉關三年時天老人居棲賢雷峰方興土木
洺出輔旋菴湛公募化殿宇落成戊戌迎天老人返錫庚子
開戒與石鑑禪師同日受具命司記室尋升按雲堂師勗驂精
嚴鉗錘交下如青天雷鳴不可掩遏舊習頓喪隨杖居東官
茶菴益自淬勵一夕坐亡緇白為之哀悼洺于書無所不覽工
行楷詩長於古尤工騈麗之辭有全集行世卒年四十五

今惰字記汝新會人番禺諸生潘樟清字水因者也將及歲薦適以憂解服闋棄諸生從天老人受具辛丑為雷峰典客後隨杖住丹霞充記室再從老人住歸宗性躭山水有孤奉獨宿之誓愛香山鳳凰峰孤聳海角人跡罕至蛇虎剔樓結茅慧焉過霪雨瀑漲節茨衣具一夕漂盡人咸以為死矣數日樵豎入山顧見一人依樹下擧衣向日自暴歸而言之楊長者二雷亟遣人迎至其家惰堅請遠山楊居後為結構丈室于爽塏孤居十餘年不與人接參究之暇閒疏韻譜諧聲協律精研奥博累數十卷大為詞流所重乙丑老人入涅後返雷峰悽然有戀慕之意使人焚毀所居庚午遠古岡訪尋故廬忽示微疾作書訣别諸同

學擲筆端坐而逝遺命闍維颺灰巨浸道侶擬函骨歸雷峰普同塔又後見夢乃如囑颺于江水白衣豪放嗜酒任俠急友義出人危難忘身濟物不可僂數故能超出如脫屣有借庵詩稿嶺南花逕韻譜行世

香港中環大華棧出品

古電字兆影新會李氏子幼隨母出世依天老人庚子登具執侍服勤三十餘年寒暑靡間老人住丹霞殿行募江右辛亥住歸宗後行募吳越比還雷峯屬典庫藏凡事皆肩荷向前不遺餘力無一參請必膝行胡跪語十許轉老人深契之居棲賢獨肩常住之務樂說和尚稱其無愧于行解相應法苑長城老人入涅未蒙記莂樂公勸梓其石隱草行世蓋不欲其陸沉衆中露其一斑云爾世壽五十五示寂棲賢

今鷲字慧明樂說和尚仲兄邑諸生原名向高與兄舒齊居世亂
隱居山野不入城市教授生徒自給樂公侍棲賢作書招之喻
以生死大事忻然脫白衣緇已受具充丹霞化主頂侍天老
人手歸宗乙卯歸雷峯典客六年時福州長慶叢席久虛
紳士再三懇老人主法領之選上首耆宿先行經理遣鷲與
作金聲公覺大遐公入閩會老人退休淨成遂留長慶字
待性坦率不隨人俛仰所至皆有能聲至老人入涅後歸雷
峯坐脫

電話二二二六一

古通字循圓順德人族姓梁原名國楨字友夏郡諸生性謙謹與初學言輒自稱其名世亂隱居于鄉閉門却掃與妻子修淨土之行聞雷峯道風高峻求爲薙髮乙巳受具初典書疏未幾出充雷峯下院主老人念其年老務繁令還本山訓課沙彌功專心勤雖耄不倦坐蛻山中

古毫，字月旋，海幢解虎錫公之子。齠齔從頂湖棲壑和尚落髮，受具，還住海幢，執侍阿大師丈室，尋為典客。父子皆以勤勞著。敏慧出群，氣宇軒豁，人樂與之游，雖貴游傲誕，能以理調伏。工水墨蘭石，每踞地洒水學習。惜早殁，不能究道，為可悼也。

今昔字顧海其先姑蘇人居廣州姓朱父字未央風流宕逸
工篆刻昔其長子也質實古樸言辭簡約而善諷不見喜
愠之色初求天老人出世人多易之逸叟具辯道人皆遜其能
入侍丈室充丹霞化主諸貴游愛樂其誠駐笠於嶺外後歸
結雷峯弟大巖亦為僧海幢兄弟皆精篆刻

電話二二二六一

古正字輪潔湖州府歸安縣人姓茅弱冠為諸生文詞贍美頓修漸公從兄來出家前已聞天老人洞風傾注遂絜其子智攝徒步來皈甲辰受具即典記室歷居歸宗丹霞雷峯諸山不改典籤之役性沈毅有道念每遇林谷幽邃之地獨往危坐人莫知其所向終於海幢院中

電話二二二六一

令漸字楨修浙江湖州府歸安縣人姓茅氏鹿門先生裔孫年
卯入雷峰時年始二十求見天老人出世之念益堅受具後與
山茹嵩公縛茅雷峰山麓閉關踰二載老人以法器期之畀
掌記室多所指授頃從入樓質力耕火種剪除蕪穢興大作
苦以世老歸養菩雲閣種茶自給後再遊廣州遇樂說和
尚主法長慶遂留住會下未知所終

電話二二二六一

古鏈字鐵關順德胡氏子庚戌年甫十八出世雷峰辛亥始登具初欲入棲賢依天老人至海幢爲阿大師留掌記室尋典賓客丁丑復居雷峯掩關有比邱香雲刺指血書華嚴經鏈署月披衣長跪繕寫精勤過勞得咯血之病以此致殞尚餘數卷未獲卒業鏈出於右族而本生單弱有祖名受僧傳鏈而絕其託生亦有因也

雲[illegible]二二二六一

古蔭字靄人香山梁氏子家素封田園室廬甲於里閈蔭志存澹泊盡推讓與諸子姪圓頂方袍走方外徧參機緣多不契遠粤投雷峰座下禮天老人受具初領點座尋遷副寺勤勞一十八載銖積寸計拓置稻畦菜圃樹蓺相望雷峰山門領甗數十丈咄嗟而辦人莫測其才量已亦自炫焉以積勞咯血終世壽五十六人咸惜之

電話二二二六一

古義字自破新會人姓盧氏出世丹霞歷諸上剎皆典重職雅好游詠居海幢客嶺方外聞士無不知有破公者性嗜茶所居列佳茗第其上下著有茶論一篇挂錫名山雖多然住亦不久晚隱新州竹院瓶笠蕭然意泊如也後聞角子秋尚繼席丹霞策杖來歸竟終于丹霞所著有詩百餘首

今足字一麟肇慶府高要人陸姓原名　有聲黌序平生喜
布施信因果尤虔奉三寶盡捐金資莊嚴鼎湖三世佛相
飯僧施襯迨無虛日足棄諸生出世雷峯丁巳受具次日即
奉命棲賢遂腰包度嶺行持一鉢于戎馬倥偬之際不避
險巇皆能化導強暴夫吳越秦晉所過大剎無不徧參諸方
大老率以重職推轂皆遜辭不受惓惓以棲賢建立爲念丁
丑募緣返粵歸省墓田偶病而終子爲諸生女度爲尼

電話二三二六一

古證字竟清廣西梧州人姓陳氏遇姜山邵公行募粵西班荆與語灑然異之導以生死夢幻因求出世携歸雷峯見龍象如林其志益篤後遂絜一子一女並求落鬟女度為尼依無著菴證諸丹霞出世乙酉始登己卯人之選雷峯典客其為人好作佛事而緣多不就嶺光沉默以柔忍攝眾庚辰終于本山子棲峯為丹霞行僧先證卒

電話二二二六一

古易字别行番禺崔氏子族本儒家性沈毅精敏與從父廣慈
大師因師天老和尚弱冠有脱白之志父兄難之老人卻而弗
許歸家自髡其頂衣壞色衣修持梵行逮終養後絜其
婦與一女一子相継稟具初爲雷峯殿主還典客尋掌書記
優游禪寂足下不履户外數十年體素尫羸有咯血病雅
善調攝得幾中壽生平狷潔閒澹或意有所忤即能隨
時消息人推其若谷之虚尊禮旋菴湛公是如父子周旋公
極口丹霞之勝扶病一往其信向若此臨化以手枕卧順適而終
子味囉多公相継爲雷峯殿主俗居聚落與海人林巒相望
父子道念之篤若有所薫習也

古檜字會不番禺許氏性至孝童子時因大父喪擗踊盡禮私念
死必有不死者在翻起疑情塾師方督課嚴且淺陋無可咨決
尋遭父喪哀毀成病危苦中感觀音大士夢示現大悟居醒者
數居脫徽纆得不死遂誓斷葷腥壬辰從族叔入雷峰禮天禪
師適范金鑄迦文尊相起信愈篤遂萌悒悒有脫塵之意
癸巳遂堅求出世時年十七丙申從廣慈大師抵匡廬戊戌老
人遂自棲賢留守丈室己亥趨遂雷峰登具復返廬山
自是行腳歷白門九華牛首天台諸名勝徧遊諸方會下
皆欲委以巨職不肯少留既歸值老人主法歸宗為一眾募
食至潯渠過水災樓止一樓斷煙數日諸行募者持空鉢而

電話二二三六一

迺已獨棹輕舟載十餘石歸灣歸和尚有序壯其行比歸休雷峰身任典客二十七年化導有情推誠應我與名輩為方外交人皆稱為木典客而不名臨涅口稱觀世音名號隨順而化有夢錐草一卷行世辛丑初冬與海發似石諸同學宿羅浮黃龍洞

今身字非身新會邑諸生族姓劉原名彥梅嗜學好古善鼓琴不受俗覊稟世雄氏之教戊申棄諸生登具丹霞侍天老人于歸宗晚隱蒼梧龍化七寺多致儒紳之慕凡經其指授者皆知向上一大事甲戌示寂隱居其所度白衣弟子思其遺範于所居七寺繪影事之

今四字人依新會人族姓張原名聖睿館諸生少攻呫嗶埋頭
雪案其頭遂側年三十餘出世禮機堂禪師薙染丁酉皈華首
老和尚受具充記室出為海幢典客時阿大師創建海幢道
法國行王臣士庶軒車相望卒雖應酬不缺及石鑑和尚分座
棲賢以監院副之時值修建酌盈劑虛所需不匱由其純一
撿為斂練云後以世老歸養竟坐化于象嶺下

電話二二二六一

傳多字味囉別行易公次子童年剃落侍阿大師受具後爲
雷峰殿主有小山詩稿

電話二二二六一

古昱字融虚其先高州信宜人族姓曾徙居惠州弱冠出世于
閩之上杭得戒于江西圓宗永繼傳和尚初依象林慧亨大師
棊海幢道風之盛往參阿大師由副寺晉維那大師歿遷住
石龍蘭若旋返海幢典客及樂說澤萌角子三禪師開戒皆
選充教授闍棃後隱居雷峯司藏鑰足跡不出戶限者數年
惟焚香閱藏興至時一吟詠而已生平狷潔自好嚴奉毘尼
喜交游重然諾取與不苟多為緇素所重庚辰夏以滞下病
至辛巳春初示寂臨終有偈辭衆曰夙業已纏綿如今一長年
此事未提起西方即目前擲筆而逝世壽五十二僧臘三十四
有遺詩五卷藏山中

今毬字雪木東官尹氏子長君闕幼知向上宗門固夙資然也童年
于身皈雷峰為沙彌供汛掃辛丑受具遂侍司尋陞樓雲堂
同諸大老研究遂超然得慧解脫老人嘗舉竹篦子欲付以大
法謂其悲智未深使之調攝萬境方踞寶華王座非忍剎也
自老人乙丑遂雷峰時已屬疾不及付矣機緣之弗偶若此毬嚴
奉毘尼學通宗說而性慈煦謙遜若不及與人言輒面赤恐有所
夫澹歸和尚期許特至自言於澹公語錄多所默契云隨老
人七住道場未嘗少離惟居丹霞時嘗一充龍護園主而已洎
老人示寂後依樂說和尚自粵西至七閩笠杖相從者數年比樂
和尚示寂長慶則依鼓山為老和尚生平無一日離善知識會下

而居約甘菲不肯低眉仰面一人晓自長慶丹霞有法喜友欲贖
其行知不可却潛附他舟行乃追報曰偶遇便航行不及别矣其
耿介多類此有士人書金剛經資薦其母夜夢見而謝者語
曰書經千卷不如雪木禪師口誦一卷其為幽冥所重頗可信矣
辛巳訪盧雷峯暫憩海幢掃阿公塔遘寒疾而終僧臘四十一
世壽六十著有懷淨詩十大首傳世

二嚴字二嚴僧名未詳（既參空隱，書名玉某）番禺人本姓李名雲龍字煙客號浥庵有

嘯樓詩集

鄧玄度曰煙客詩閒適恬愉

陳田曰煙客五言律得唐人意境可與區海目繼武

顒園詩話二嚴遺詩志稱雁水堂集嘯樓前後集遺稿別稿久經禁燬今得鈔本嘯樓集卷端有鄧雲霄所撰詩序李覺斯所題募刻浥菴詩引洪穆霽所識募刻浥菴詩引跋黃儒炳所題嘯樓遺稿序及其自識嘯樓自選稿小叙卷一至卷十一曰初集卷十二十三曰三集卷十四曰別稿卷十五至十八曰自選後集末附雲子絕句十首蓋亦非完本也二嚴壯歲負盛名已刻有嘯樓諸集行世有羊城李

五煙客之稱乃屢試不就走塞上入袁崇煥幕中黎美周送李煙客
先生序曰吁嗟乎噫嘻遊同丈夫所快而兒女子之所深恨也十年來
數送李先生行或見其袂濺紅冰臂環雅髮一曲相向坐客皆仰
面不敢直視殆難爲懷比相遇於長安中踏雪看花日猗偏提索
醉若不復知有當時人矣雖然彼一時也橫槊賦詩倚馬草檄坐
胡牀醉睨而罵丈夫遇知己慷慨然諾何所顧戀今先生行矣吾
恐渡錢塘玉環雙櫓之間落日鐘鼓必忽忽如有所失矧北地
沙乾酸風刮耳以至入燕市聞悲歌相和聲其或有不識面之故人
在歟吁嗟乎噫嘻此一時也又豈兒女子喔咿私情所能稱量萬一
者江山不殊百端交集其以爲文章之助歟抑以發性情之感而善

香港中環大華棧出品

周之歎先生行矣遂球即來觀之客有知之者賦詩送焉遂球得而先之魏忠賢使其黨劾崇煥不救錦州崇煥乞休去二嚴痛憤作感秋詩云中丞鶡印羞登壇一劍霜飛絕漠寒漢師豈堪藩將代軍容爭遣内臣觀居人夜傳長榜注胡馬秋嘶白草殘道是令公今遠竄憑誰先胄陣前看自是鬱鬱爲栖隱計與韓日纘謀與搆羅浮院宇會崇煥復起用因爲作募疏崇煥死二嚴歸里久之遂參禮道獨剃髮爲僧爲羅浮華首臺藏主國亡後雲蹤未返不知所終黃序謂其弱冠與張無名黎君獻爲爾汝交其時詩學王孟及張黎二子早逝烟客不無輟斤絶絃之歎所爲詩漸少然風晨月夕閒復抽毫矯矯真率視前若另一局由客有疑其稍離風塵者余笑曰從

影裏憶細腰不若從陌上覷好面情態逼真描寫正自不同是爲知昔之程格量調者不病在學步而今反以直寫胸懷得之也其自評詩則曰五言律不媿古人七言古次之絕句又次之七言律又次之五言古又次之五言古佳者不過一二篇耳文之佳惡吾自知之云其事蹟詳於縣志列傳粵東遺民錄附錄方外沒後十餘年二子雲子龍子後先出家

壬寅癸卯間促居雷峯旋徙茆庵因令覲華請益唯識謂宜本楞
伽遂撰楞伽心印四卷自述云楞伽山名此山純以楞伽寶成故以寶名
山山在南海夜叉所居因其王請佛說法山上又即以山名經來柏大士
云此經於南海中楞伽山說如來道經山下羅婆那夜叉王與摩帝
菩薩乘華宮殿來請如來入山說法其山高峻下瞻大海傍門戶得
神通者堪能昇往表心地法門無修無證者方能昇也下瞻大海表
心海清淨因境風轉識波浪動達境元空心海自寂心境俱寂事無
不照猶大海無風日月參羅煥然明現此經為根熟菩薩頓說種子
業識為如來藏異於二乘滅識趣寂亦異般若修空菩薩樂空增勝
直明識体本性全真便成智用如彼大海無風斯境像明徹心海不擾

電話二二二六一

境風非別但能了真即識成智兼相同深悉楞伽宗趣也此經初譯自劉宋求那跋陀羅成四卷名楞伽阿跋多羅寶經至元魏菩提流支後譯成十卷名入楞伽唐實叉難提與復禮等譯成七卷名大乘入楞伽唐譯簡切終不如宋譯高古奧渺故自古及今猶從初譯梁武時達磨大師航海至魏壁坐少林因授可祖法曰此土唯楞伽四卷可以印心并以付汝自是楞伽遂爲宗門秘密今禪者空疏全有生平未嘗展卷可歎也求之義學惟洪武初宗泐如玘奉詔合疏萬曆末德清筆記崇禎中智旭義疏外此不少槩見達磨大師嘗曰此經五百年後翻爲名相之學誦審斯語良深慨嘆大師蓋謂吾宗失傳豈異人事哉昰自順治辛丑先華首示寂明年先大日相繼謝世壬癸

兩載生趣頓盡從居雷峯旋從芥庵乘茲風志專酬禪闍聊以自況
未敢示人唯念道法濫觴所謂見性幾同神我透脫一路無異冥初不
自生非不生聖言具在乃有不達緣起究隨擬無任情壞法較之拘
滯名相功罪又相徑庭也此經直指種子業識為如來藏實有迷悟
不則以流注為自心反成生識之過疏中深切著明推尤血脈所引經論
但取入理之近互相發明至於機語猶切矜重夫機以轉有言之關捩
故以導無言之指歸正在深談不辯明破而徒以剿絕之語漠滓真
詮誣罔名言烏焉成馬此時禪病所為真贋難辨也我大師首
創無言并傳四參遍遍隱處呈請與天下後世仰奉慈旨爾

電話二二二六一

秋有沐僧之議光宣臺集十八 相江嘆詩序 今無有上和尚書曰時事如浮雲蒼狗
旦夕變更懸仰慈座不勝神馳東崖外縣可無喧擾今無領衆
来時以業重爲門墻忝中夜誓志事未從心今又過此境謹株守
不動倘大決裂始退遠雷峯乃作良圖和尚勿過慮已後不必
遣僧逐次大艱非所慰也大牛海發俱遠雷峯諸事足可無虞
見一託汝諸人尚未回亦要自不遠耳海幢下元後得百金可以
卒歲但食指不止一千俱是常懸度至於事理之外如今日世
事忽然變起則不能如人之念又不可知矣餘鐵機口稟不盡
又復和尚書曰風波過後痛定有痛難陳於筆謹着古髓口稟
光宣臺集九 此兩書可見當時風聲之緊急寺僧之驚惶和尚亦有

電話二二二六一

乙巳冬聞沙汰之令詩及尸恒復中翰遣公郎秉中持書入山時沙汰寬旨賦此酬之詩有物情纍卵同今昔珍重篁溪序上時句詩集十二時和尚在東莞篁溪之芥庵并撰有語錄語錄一按汰僧之令為順治末年尊崇禪僧太過受天主教之反響詹書鮮載乃於僧錄得之按光宣臺集五盤院解虎六十又一壽序云憶乙巳時方住海幢三載百務未備延議汰僧又相江嘆詩序謂康熙四年秋有汰僧之議于自海幢解衆後上丹霞弃證之瞎堂詩集乃康熙四年事推據性統編高峯三山來禪師年譜康熙元年條云夏特旨令天下僧道後民衣公令森嚴列刹莫能守邑令林覲伯素與師善知事勢必改命師閩院勿散但閉門易服以待果三月恩詔降徹剛箒編文雪紀年錄（文雪名通醉）康熙元年條云時泰西天主教稗革我倚許方伯勢諸當道信其邪說有圖廢釋教之舉師有上許方伯席文宗王郎守闢天主滅佛教書當道公議而止又康熙三年條云時秉鈞者奉天主教湯若望仍行左道又有沙汰之說聞玉林國師寄札進京欲保存天雄報恩師致書曰既膺一國之寵當此魔強法弱之際正直挺身利濟俾宴謐海內諸山焉得只顧自已豈稱法門柱石哉據此汰僧乃康熙元年事三年又有沙汰之說而粵東乃在四年或曰瞎堂集云或不止一次康熙四年三月湯若望案定誠僧敵既去何復汰僧耶

予按康熙初汰僧事宦書未載清史稿湯若望傳云康熙五年（應作三年）新安
衛官楊光先叩閽進所著摘謬論選擇議斥湯若望新法十謬并指選擇榮
親王葬期誤用洪範五行下議政王等會同確議議政王等議湯若望凌遲
處死得旨湯若望効力多年又復衰老免死并令覆議議政王等覆議湯若
望流徙得旨湯若望免流徙楊光先傳云國初命湯若望治曆用新法頒憲曆書面
題依西洋新法五字光先上書謂非所宜既又上所為摘謬闢邪諸論攻湯若望甚
力斥所奉天主教妄言惑眾聖祖即位四輔臣執政頗右光先下禮吏部會鞫康熙四
年議政王等定讞晝用光先說誣湯若望其屬官至坐死遂罷新法復用大統術按
元年汰僧粵僧諸集 均無紀載文雪錄三年又有沙汰說疑屬初議而下詔乃在
四年讀清史湯案一再 覆議可見當時湯勢尚盛未幾又黜光先用南懷仁至雍正
二年乃下諭天主教則四年汰僧非無故也

是年令無為撰丹霞天老和尚古詩序謂戊申八月天老人手書命令無曰近日禪講暇偶為古詩諸子請付梓欲少待之不可海其序之（光宣臺集五）王邦畿嘗為和尚刻詩曰似詩撰自序云說作吼子乞余詩付梓人已而乞名曰似詩似詩者何謂也夫道人無詩偈即是詩故亦曰詩然偈不是偈詩又不是詩故但曰似吼子請為更為語曰子以予偈不可讀姑取詩以示人為其近人也何近乎情近也境近也悲歡合離與人同情草木鳥獸與人同境同人者善入入則親親則信信則漸易而覺矣噫此吼子之說也然予以為吼子之知予詩者惟近而不知予之不是詩者亦為近近者天下之所同也而有異焉然則天下之所為樂近者為其同

也而有異則天下之所謂樂一人尤樂余之不是詩是以樂與天下
而以尤樂待一人萬世而下其旦暮遇之耶昔南禪師住歸宗時
遣化至虔上將還有劉君遠送郊外祝曰爲我求老師一偈爲子
孫世世福田明年南以偈寄之曰虔上僧歸廬嶽寺首言居士乞伽
陀援毫示汝箇中意近日秋林落葉多後四十年雲庵復住歸
宗法席盛於前雲庵上堂有偈曰先師昔住金輪寺有偈君家
結淨緣我住金輪還有偈郤應留與子孫傳噫吼子謂是偈耶
詩耶固非艱深不可曉而古今傳誦不敢目爲詩則安知夫人之
所謂近者而即遠所謂遠者而即近耶吾願天下勿以堅白之
昧終而自安於所樂是不但一詩也天然道人書原刻本未見

和尚示寂後今毬編爲瞎堂詩集二十卷原書卷首瞎堂者和尚所居處在海雲寺中和尚手書額者也番禺縣續志

今辯樸行狀云：師生平古道自持，壁立千仞，提倡綱宗，眼空今古，婆心爲物，至老不衰。於門庭設施悉任外緣，意合則住，不合則行，未嘗一字一語仰干豪貴。吾粵向來罕信宗乘，自師提持向上，縉紳縫掖執弟子禮問道不下數千人，得度弟子多不勝紀。尤喜與諸英邁暢談，窮其隱曲，以發其正智，於生死去就多受其法施之益。即一闡提與自負奇才而不可一世者，見之無不心折。且師闔家出世，在咸平時生我同生所生以至妻媳，捨世緣如棄敝屣，不讓古龐公。故父子兄弟相率剃染，粵中爲多。師暮年爲法求人，心焉益切，每談及先宗派，即泣襟，期諸後起如地藏之遇清涼、圓悟之得妙喜，庶幾無憾。故法道隆替雖繫乎時，逢撐洞流，志無少

庶足見護念佛祖慧命亙古而不磨也

楞伽心印四卷 今無今覞校 康熙刻本 雍正海幢經坊重刊本 嘉興續藏本 日本續藏經本

自述及刊刻年分詳年譜康熙二年九年條

今無撰緣起云雷峰老人之疏是經也以宗門爪牙入性相窟宅慨義學之荒蕪悲禪門之儱侗蓋自癸巳退隱匡阜觀世寒心感時勵志所由來矣故其拄鄮金井倚杖玉淵閉契證則心湛海澄仰嘉遯則身高岳峙地藏璪之耕田博飯棲賢湜之立誦行披寒爐冷竈推大法之全提叢棘亂絲仗智峯而獨斬其於吾人實兼之矣逮戊戌返嶺今無以明年自玉門趨歸壬癸之歲日與石鑑諸弟請益唯識謂本楞伽指莫初神我不與性珠而濫收俾適毛沙油賴覺妄情之自遣因伸旨要遂啟疏緣妙叶心宗蒂圓名相不

電話二二二六一

惟砥柱狂禪兼亦激昂即講席庭心迴邁滙義海於洞源神機淵默破眾

難於丰偈勞顏汗手會粹披尋靚大義之炳如虞微言之不墜教以

翊宗原別傳之弃四卷識即是藏扶大心以迭二乘此識運最上之心

萬目時契而為者也故凡疏內有入理深談得經文肯綮即文義兩

見宗乘會宗乘而馱文義敢僭點出以示來學四河俱入一滙匯存

是在臨文潑其慧目時康熙甲辰中秋前五日嗣法門人今無稽

首敬述

香港中環大華棧出品

首楞嚴直指十卷 令辯校 續藏本 康熙刻本 日本續藏經本 嘉興

此書撰著及刊刻年分詳年譜康熙七年十六年十七年條

今釋撰叙云大覺能仁成道十日即說華嚴以衆生住地煩惱為諸佛不動智如將寶住直授凡庸故非三乘之流所能諦信當時聲聞在坐不見不聞然而最後拈華則金色頭陀獨得別傳之囑慶喜繼之為西天二祖雖登位於剎竿倒卻之時而發悟在聲鍾驗常之際則楞嚴一經又宗門之法印也古今蹤此俱擅所長吾師天然昰和上宴坐丹霞以三月成直指適度示生之期甘露降於叢竹今釋受而伏讀青蓮發筆端之瑞赤珠映意地之光徵眹不留是跡皆剗言本色不借華詞其不可思議之妙實有與諸家迴絕者

彼皆悟門各得然而見量未忘往往以詞害志執藥成病原其所由不過能推非心離塵有性而已夫能推是妄離塵無體此如來語也如來不云性真常中求於去來迷悟生死了無所得耶真覺無功根塵何咎極其轉名不轉倖之致未能迷悟併銷而迷悟不銷則常光使陽妄即不存真復何在當下覺了已落紆回故為之直示曰非別有一真在緣慮之光影像之外也若謂分別之心與塵俱滅則無分別皆不與塵俱生各成一物於何立界故為之直示曰但據其所謂全性者捨分別而更有不知其所謂分別者捨全性而必無也於此不明詎稱圓悟所以破心破目無罪加誅有正有倒將名作實作用上下折見見於現前人法後先失空空於賴覺斷而得顯圓

緣自然之戲論滋深修乃可成諸佛衆生之分疆愈遠倘能豎
掃同時始信因果俱幻是故法性海中本絶思惟四十九年不說
一字若云此謂權此謂實此謂見此謂修此謂圓融此謂行布總
成實法便非了義乃至性覺必明妄為明覺依經立解寧不轂
然然於性覺生取心則明能生所無如其與妄俱來於明覺生
推心則所必障明無如其并真俱棄遂使覺與所明如來語
下二俱有過妄知明與無明如來藏中一亦不存故又為之直示
曰覺明不礙性覺之常然性覺豈傷覺明之自異悟理之士
亦可立地冰消矣而每至險崖輒生前卻者蓋聖境不捐故凡情
競起也識其推一乾慧則流轉四生名為亂想游登妙覺名為

極果皆是分外不契本然故又為之直示曰捨亂想必無乾慧亦猶捨乾慧必無極果遂以亂想為乾慧似有悟迷至於乾慧而回觀亂想悔不安住尚若遜其所不及者然後知迷之不可得也迷不可得悟亦何為能仁成道之後適遠其衆生之初泯法界量現法界身說法界事顯法界理若作聖解即受群邪縱將寶位直授凡庸亦恐凡庸不應重受彼聲聞在坐不見不聞正與破顏微笑同一玄賞今釋豈能更有思議於吾師不可思議之中耶謹周讀疏之餘隨見隨拈因月有指非月所取若其全經旨趣則一總論已化為無縫天衣一切衆生於一原題全現出無見頂相開卷了然無塵不破此即枝中覓本委上求原不妨引而伸之作鈍根之助爾嗣法門人

今釋稽首和南敍序今辯撰緣起云老人疏是經三月而成入理深
談多提持向上啟發悟門真足爲上根之助遠邇緇素渴仰法味
大中丞傅公竹君遂捐資全刊流通何其易也昔天台智者大師
聞是經爲天竺所秘重晨夕西望懇禮願早至此土歷百餘載
沙門般刺密諦始携來以國禁嚴密屢不果乃書於微細白氎
析臂藏之肉内航海而達穗城時值丞相房融出知南銓請譯於訶
林鳳幡堂親爲筆受故經中文句皆明暢而曲折傅公未識老
人未讀經疏而亟欲流通使法雨得以均霑爲快者豈非於楞嚴
宣勝義中大有夙契之緣歟夫菩薩以利物爲懷就事就理雖有
淺深究其指歸原無二致公昔守慶陽今撫粵西識度超卓

措麈敏捷一舉止閒悉不落尋常蹊徑其與會中文殊師利摧邪輔正選擇圓通而終出於無是非是機感相類即事顯理願公與大地含靈同入圓通無礙門親證如來無見頂相即理顯事願諸閱者與公同發菩提心現觀世音三十二應身撓斯世斯民躋於義軒之治則於老人之法施傳公之流通兩無辜負爾

任丹霞今辯槃談謹述

香港中環大業棧出品

圜悟撰序云諸佛爲一大事因緣出現於世逦直自了有大悲願爲
悲大故其憂之也深願大故其任之也重昔風穴纂洊告首山曰不
幸臨濟之道至吾而將墜矣誠憂之也其後再傳而有汾陽既放
身命閉關堅卧郡守以名剎力致八請不答僧契聰者排闥讓之
曰佛法大事靖退小節風穴常憂遇風則止幸而有先師令汝有
力擔荷如來此何時而欲高眠耶汾陽瞿然起曰非公不聞此言
趣辦嚴吾行矣誠任之也圜悟因是而深嘆古今人之不相及也
道人撒手卧長空菩提真如猶爲垢膩況後世聞名聞利養豈
似今時把箇死蛇頭逢人便賣瀰漉漉地但知與光乳酥不問
消與不消此不過欲得門庭熱鬧耳善知識以本分接人其謂

之何我大師以大悲願力復來閻浮橫挑楖栗直入千峯豈肯打入時流
隊伍去春攜侍出匡廬歷江南北拄杖邊不曾撩著半箇幾欲焚
茅屋入深山偶以省覲歸僊城一時道俗迎主訶林乃翻然抱深憂
而肩重任師冷破之性壁立萬仞莫可仰攀百千妙義到他跟前一
棒粉碎其所開示大要責人不著法報化主處皆真如擊塗毒
鼓聞者皆死大矣哉無為寂滅之幢也古人於此三二十年猶不
柰何而我師纔搭緇衣便登祖位人將謂此道直易易耳亦知師
之真參實證乎師嘗究理而坐十七晝夜不合眼以為必識盡
功忘自然合他古轍始得任心自在後參黃巖因閱華嚴所得
都亡其絕情過量之智已於無量佛所培養豈特三二十年而

已今法語具在使天下後世知百丈吠聲群盲相引時猶有人提
唱斯事佛祖慧命庶幾不斷而後乃相安於無言此師之志也
圜修初嘗認著露裸裸底幾恁禍事幸取決於師得简轉身
雖修興師皆從今華首和尚剃度於法門為弟昆然實受師
資之益知師者宜莫若修故敢揭其大端如此崇禎壬午冬日同
門弟子圜修和南譔

電話二二二六一

梁殿華撰序云天然和尚以居士身夙慧頓發了悟上乘後從空隱
老和尚剃度於廬山證明大法杖錫所經悲愍之懷溢於言際職
書記者輯而成編付諸剞劂屬今轉恭爲之序夫轉園無能序而
而亦無可序也憶丁亥秋轉興麗于若雲逅和尚結期衙唐將
謂有言可循也有法可得也及參隨數月始知日星雲漢山嶽江
河以至竹影松聲蟲鳴鳥語盡爲和尚筆舌舍此而欲向一言一句
之下承當箇事何異撥波求水然則是錄也又胡爲乎來哉夫大
聖人出現於世其中皆大有不獲已者衆生日見道而不見日聞道
而不聞是不有見孰爲不聞而要所見何見所聞何聞應必情然
自得亦復啞然自失靈山會上拈花微笑我佛世尊打頭一步蹉已

電話二二二六一

逗漏不少然畢竟何如心行如音趣必使千百世而下猶有跛脚翁堪解粘是此世尊之爲甘心即我和尚之爲甘心也願天下後世得意忘言見聞都盡自度度他共臻無上云爾尚區區語句中求其罪過且與謗法等是則今轉所大懼也夫是則閱斯錄者所大懼也夫順治戊子孟春門弟子今轉梁巖華稽首恭序

陸世楷撰序云昔者宣聖振鐸于東方釋尊授衣于西土一則意盡象中一則心傳教外其皇皇爲牖世覺民之心同異致而同歸也自儒術既衰微言遂絕縉紳縫掖之輩高者攻於經學卑者溺於文詞而聖賢盡性知命之旨無復爲之䟦心矣釋尊諸祖乃以單提直指之說示彼正覺救此迷情于是聰明奇特之士厭迂儒之拘章樂禪宗之超脫一言契旨片偈投機而所謂儒門澹泊收拾不住者張無盡以爲達人之論深有以哉始壇經務著文字蹤增臨濟開玄要之宗洞山立君臣之義溈仰發体用之論雲門捷示三關法眼分呈交相究其捨妄歸真不離自性夫是以從事誠明之學者如濂溪嘗師鶴林姚江借逕蔥嶺不害冥心而求

之也本師天然和尚夙領儒宗久膺祖席身秉五衍心入三摩地
如洪鐘萬石有叩輒鳴逸源千頃無把不涯向在雷峯棲賢華
首訶林諸山皆有語錄行世學人奉為津筏寶若琬琰矣迺
者山靈初啓叢席旋興西堂澹公因南陽之廬基闢東林之新
剎祇園羣建緇侶雲臻爰從丙午冬仲奉本師以居焉師則性
樂巖阿心悲塵剎既得棲真之境益弘樂育之懷或策杖而
陵峯或披襟而笑月蒼松白雪歲見新篇紫玉青螺時聞佳
什蓋已目繫道存無行不與矣然而钁頭斧子不廢鉗錘擊
碓敲床更勤提命山中高弟以師法語彙錄成編命小子
楷敘而梓之余推儒門蒲雜特闢禪關若悟本來同歸覺

路而師先得淵源于孔孟繼闡祕密于迦文固知大道八正不同幻妄之談隱影風幡無取夫新之解也余嘗再訪檀林一瞻猊座見其登堂之彥濟濟趨蹌入室之英雍雍問辯雖杏壇講習遐此威嚴沂水詠歌同斯怡愷矣是錄也推原心性利濟人天有以佐吾儒道德齊禮之所不及公之諸方壽之奕葉將使慧日同光名山並壽海螺巖下永振威音錦石溪邊長流法乳豈徒拾桂枝之陳言資曲床之談柄已耶若夫佛法深微不從解入自非立雪數年未易領會又何敢於威儀談說之間管窺而蠡測也康熙庚戌上元當湖弟子陸世楷合十和南謹撰

各剎語錄

瞻堂詩集十七有剃訶林語錄成謝諸檀越二絶句行狀謂著有各剎語錄行世陸世楷撰語錄序謂向在雷峯棲賢華首訶林諸山皆有語錄行世各錄刻本未見今嘉興續藏本有住訶林雷峯棲賢華首海幢芥庵丹霞歸宗諸山語錄者即此推編次依住分類遂難析別光孝寺志載和尚語錄皆訶林部分注云選原集間有嘉興續藏本所未載者知寺志所據者為訶林語錄原本而雜彙編語錄時畧有刪節或有未見歟

電話二二二六一

戊申八月天老人手書命令無曰近日禪講暇偶為古詩諸子
請付梓欲少待之不可汝其序之此老人之逸言微借工部之氣
出之者也令無憶曩時處士窖中嘗與剩師叔擁被寒吟以爇
海書廚消黃沙白雪間取杜少陵集讀之擊案咩呼觀其夔門
以後諸作悲憂愉迭感國傷懷饑寒酸楚如老婦子坐中堂數
家中事歷歷可見真樸有味令人意往神消剩師叔謂無曰夫
物久則塵詞雖則新離世深代遠人其云亡而其使人悲鬱無
聊之境何代無之今身居絶域邊聲刺人短草如烟王孫有恨
長恒似水木佛無家以彼全集作我橫涕何其聲之感人云
是也故詩取窮愁人當閉世此作古者執之如壽若夫門春

色於麗鮮奪秋光於寒魄逗意既深錬飾良苦羽翼雖備
而筋骨未全不堪闖入作者壇坫摹詞雖工生意易盡所謂
有詩無人終未若一回坐到耳夫道人晶瑩圓湛中悟靡激既無
噩夢又薄雕蟲而一種磊砢沉鬱駿駿勁挺起正雅而溯靡嫚槍
初盛而聯漢魏此其聲又何自而然哉夫情之最重者也扇激奔
躍尾然相逐使一頓錯乖滿宣之以聲而成之以文則其娩適宕
折環迴姽疊發人幽思如病骨秋吟涉韓雷三峽路有不堪自
持者故大雅之音尚其恬澹所以為情之防而有幾夫道道圓
曠情此道人之所以自成其聲以閑裕為宰以峭潔為壹鬱內華
外融不涉境以動情不先詞而後我憑高縱目據梧發聲極雲樹

之依徽畫翁蟲之鳴變音見其優游夷愉高明廣厚人雖目之曰境毋乃非境雖目之曰情毋乃非情後情境兩共材華呈神鑑而齊聲調使荊卿易水屈原湘江頓變爲恆河慈海雖有虞氏之南風未足比數而老人徽言道韻木葉藏春軒軒自遠又可以尋常作者目之哉抑今叢席學者無師人例闒茸庭多茂草雖日爲之墟然斬除而世驅風變又註塵伍俗勵魄惕魂雖不能無中激外動可謂入水休儒棄爐鈍鐵方視鉄如惑其未遠而老人茲什之作止水照人澄渟含蓄則又豈後於金園貝葉哉

Foreword of *Treasure: A Special Edition from Qixin Library*

The recorded history of Buddhism has always been regarded as a manifestation of Buddhist wisdom and culture. These historical narratives mark every milestone in the development of Buddhism in all aspects from theories to practice, communication to dissemination, teachings to academic research, architecture to artworks, creating an invaluable repository for the studies on the history of Buddhism in China, the development of Chinese historiography, as well as the cultural and intellectual history of China.

Qixin Library of the Seven-Pagoda Temple was founded in 2017. Over the past three years, we have established a collection of more than 70,000 books, as well as two centers for the collection of literary works on regional Buddhism studies and local archives, namely Buddhist Literature Center of Eastern Zhejiang and Local Documents Center of Eastern Zhejiang. The collection includes: Buddhist literature reprinted in Japanese edition, namely *Fayuan Zhulin: A Forest of Pearls from the Dharma Garden* (118 volumes, in 1672, Kanbun 12), *Guanyin Yishu: The Commentary on the meaning of "The universal gate of Bodhisattva Avalokiteśvara"* (4 volumes, in 167, Enpō 3), *The Mahāprajñāpāramitā Sūtra* (600 volumes, in 1679, Enpō 7), *Dacheng Fayuan Yilin Zhang: Essays on the Forest of Meanings in the Mahāyāna Dharma Garden* (7 volumes, in 1702, Genroku 15); remnant volumes of nearly 200 vintage books from Master Xianzong (1898-　) transferred from the Tripitaka Library of Seven-Pagoda Temple such as *Guang Hongmingji: Expanded Anthology of Extended Brilliance*, *Beishan Lu: Records of the Northern Mountains*, *Guwen Yuan (Garden of ancient literature)*, *Xiangshan Yelu (Rustic notes from Mt. Xiang)*, *Zibai Laoren Ji (Complete Works of Zibai Zhenke)*, *Jushi Zhuan (Record of Eminent Laymen)*, *Qingliangshan Zhi (Topographical history of Mount Qingliang)*, most of which were block-printed editions from mid-to-late Qing Dynasty and stereotype editions during the period of the Republic of China; and precious literary works bestowed by Seven-Pagoda Archives such as *Baoguo Si Zhi (Records of Baoguo Temple)* and *Siming Yanqing Jiangsi Wannianbu (The Perpetual Note of Siming Yanqing Temple)*.

The ultimate goal of every collection of literary works is for further studies and dissemination. In light of this, we will work on publishing photocopied editions of books and records of the Qixin Library collection. Our first project *Treasure: Special Edition of Qixin Library (1st Edition)* consists of three volumes featuring photocopied editions of *Qita Si Zhi (Records of the Seven-Pagoda Temple)*, *Qita Baoen Si Zongpu (The Genealogy Book of Seven-Pagoda Temple)*,*Huayan Gangyao Qianshuo (An Elementary Introduction to the Mahāvaipulya Buddhāvataṃsaka Sūtra), Qita Baoen Foxueyuan Yuankan (The Seven-Pagoda Institute of Buddhism Studies Gazette)*, *Baoguo Si Zhi (Records of Baoguo Temple)*, *Siming Yanqing Jiangsi Wannianbu (The Perpetual Note of Siming Yanqing Temple)*, *Manuscript of CEN Xuelv: Biographies of Buddhist Poets Extracted from Haiyun Chanzao Ji* among other books and manuscripts.

Our temple was under financial constraints in the 1930s due to the nationwide recession. Nevertheless, Abbot Puchang and other Venerables of the Seven-Pagoda facture stayed committed to promoting the teachings of Buddhism against all odds and paved the way for significant progress on the development of the Temple, especially in the aspect of cultural development. Ven. Puchang wrote *Huayan Gangyao Qianshuo (An Elementary Introduction to the Mahāvaipulya Buddhāvataṃsaka Sūtra)* and took charge of the editing and publication work of *Qita Baoen Si Zongpu (The Genealogy Book of Seven-Pagoda Temple), the Seven-Pagoda College of Buddhism Studies Gazette* and *Qita Si Zhi (Records of the Seven-Pagoda Temple)*. The publication of these four books brought this thousand-year-old temple back to its glory. Unfortunately, the book collection of the temple failed to defy the ravages of war and these four books, among others, ended up missing.

Thanks to the generous donation of Mr. WANG Wenhui, a renowned lay Buddhist in Ningbo, we are now able to welcome three of the aforementioned books back in our collection, namely *Qita Si Zhi (Records of the Seven-Pagoda Temple)*, *Huayan Gangyao Qianshuo (An Elementary Introduction to the Mahāvaipulya Buddhāvataṃsaka Sūtra)* and *Qita Baoen Foxueyuan Yuankan (The Seven-Pagoda Institute of Buddhism Studies Gazette)*, which were once part of the private collection of Mr. WANG. After hearing about our quest for the lost books to rebuild a collection for Seven-Pagoda Temple, Mr. WANG decided to donate these three books to us in celebration of the revitalization of Seven-Pagoda Temple and in support of Dharma assemblies. The donation of Mr. WANG bears great significance in facilitating us to promote Buddhist culture and we are eternally grateful of his generosity.

Qita Si Zhi (Records of the Seven-Pagoda Temple) accurately records the details in the thousand-year history of our temple in a well-formatted and well-written manner. Regarded as the best-recorded history of Buddhism published in the period of the Republic of China, it has always been an invaluable asset for the study of the long history of Seven-Pagoda Temple and the development of Buddhism in QingDynasty and in the period of the Republic of China.

Qita Baoen Si Zongpu (The Genealogy Book of Seven-Pagoda Temple) was bestowed to us by Ven. Guangxiu, retired Abbot of Tiantong Temple. He put down in handwriting in formation such as the date of death, age and location of the tombstone for Ven. Master Yuanying and Master Yiming in the column of *Demise* on their profiles. Ven. Guangxiu also put down his courtesy name and Dharma name *Guangxiu Dingxing* under the column "Dharma Heir" of the profile of Master Yiming. According to the genealogy profile of Ven. Guangxiu, he became the recipient of Dharma transmission from his teacher Master Yiming at Seven-Pagoda Temple in 1959, making him the 42nd-generation holder of the Linji lineage. This genealogy book was supposedly bestowed to Master Guangxiu by Master

Yiming, successor to Ven. Master Yuanying as the 41th-generation holder of the Linji lineage. Ven. Master Yuanying became the 40th-generation holder of the Linji lineage by receiving Dharma transmission from the venerable Master Ciyun in late Qing Dynasty, who was the ancestral master of Seven-Pagoda Temple. Based on the lineage of the transmission of the precepts, Master Guangxiu was the heir to the Seven-Pagoda facture of the Linji School, which explains why he cherished this book to such extent that he kept it close with him at all times, just like how Dajian Huineng treasured the robe which was passed to him by the fifth Patriarch of Chan Buddhism Daman Hongren. I was blessed with the opportunity to read this genealogy book, and was left with great admiration for the fact that our Temple was there to hold the continuous and unbroken transmission of Dharma lineage through generations of gifted Buddhists. My sentiment resonated with Ven. Guangxiu and he decided to generously gift me the book, which I will be eternally grateful with all my heart. This book records the relations within a Dharma lineage, through which depicts historic events, important figures, as well as the notion of Dharma transmission. It is of great value for the research on the history of Buddhism in late Qing Dynasty and the period of the Republic of China and provides crucial insights for the studies of the origin, transmission, scale and development of Seven-Pagoda facture of the Linji School.

Qita Baoen Foxueyuan Yuankan (The Seven-Pagoda Institute of Buddhism Studies Gazette) covers a variety of topics from the history and scale of the Seven-Pagoda Institute of Buddhism Studies, to its missions and visions, from the educational system to the quality of the curriculums. It is a valuable resource for a comprehensive understanding of the development of education on Buddhism in the period of the Republic of China.

Huayan Gangyao Qianshuo (An Elementary Introduction to the Mahāvaipulya Buddhāvataṃsaka Sūtra) is written by Ven. Puchang as an elementary introduction to the *Mahāvaipulya Buddhāvataṃsaka Sūtra* (translated by Śikṣānanda) for disciples at the Seven-Pagoda Institute of Buddhism Studies. The book provides an outline and a guiding principle of the *Sūtra.* Master Dixian spoke highly of this book in the Preface for its simplicity, clarity, clear reference and adherence of the fundamental teachings of Buddhism. The book was among the most prominent commentaries on the *Mahāvaipulya Buddhāvataṃsaka Sūtra* during the period of the Republic of China.

Baoguo Si Zhi (Records of Baoguo Temple) was written in 1805, the 10th year of Jiaqing period in Qing Dynasty. It recorded the topographic features, architectures, historical sites and cultural relics of Baoguo Temple, as well as poems, articles and biographical works. It is the oldest book in the *Special Edition.* Baoguo Si Zhi (Records of Baoguo Temple) was donated to us ten years ago by CHEN Yongliang of Ningbo in honoring the dedicated work of Seven-Pagoda Temple on the collection and conservation of historical records of Buddhism developments in Eastern Zhejiang. The book had been kept as part of Mr CHEN's collection for years, but he decided to generously donate it to us for further research and dissemination. We made a promise to Mr. CHEN upon receiving the donation that we would publish this book and introduce it to more people, as a tribute to his kindness and generosity.

Siming Yanqing Jiangsi Wannianbu (The Perpetual Note of Siming Yanqing Temple) was edited by Abbot Master Jing'an and Abbot Master Yihuan. Master Jing'an was the officiant of Master Yuexi's tonsure ceremony and Master Yihuan tutored him in the Buddhist teachings. Master Yuexi brought this book to Seven-Pagoda Temple and treated it as a treasure. He kept the book with him throughout the darkest times of his life, for it encompasses the great mentorship between Master Yuexi and his two mentors Master Yuexi had been working as Abbot after Master Jing'an and Master Yihuan till the beginning of 1960, and he had made great efforts to preserve the recorded history of Yanqing Temple. As the disciple of Master Yuexi, I have picked up the mantle and continue to dedicate myself to the conservation of these historical records. After Master Yuexi passed away in 1993, I had kept the book by my side for ten years before handing it over to Seven-Pagoda Archives in 2013. *Siming Yanqing Jiangsi Wannianbu (The Perpetual Note of Siming Yanqing Temple)* was published in 1942, the 31st year of the Republic of China. It holds great literary and artistic values in every aspect from its rich content, distinctive features to the calligraphy. The records on the halls and monasteries in the section *Estates* are of great value in the research on the layout and plans of the Temple, as well as its scale during the period of the Republic of China. The correspondence with local authorities to solve issues regarding site choices and construction process was included in the section *Construction*, which can be extremely useful in the studies of policies on religions during the period of the Republic of China. ZHANG Shenghui, ZHAO Baixin and Master Zhifeng each wrote a preface for the book, all of which are prime combinations of rich insights, flowery language and exquisite calligraphy. ZHAO Baixin mentioned in his preface that the calligraphy was the work of Shamen Jingpei. The calligraphies of the three prefaces hold great artistic values with their similar styles of meticulous details, elegant fonts and strokes.

The Manuscript of CEN Xuelv: Biographies of Buddhist Poets Extracted from Haiyun Chanzao Ji was acquired from an auction of the collection of CHEN Bingchang, calligrapher and expert in seal cutting in the Lingnan Area hosted by AllArts HK on May 28, 2005. I heard about the auction from the famous artist Mr. LIAN Deng during the inauguration ceremony of Master Yongshou as the Abbot of Baoguo Temple of Mount Emei. According to Mr. LIAN, this manuscript is valuable both as a piece of artwork and as a literary resource for Buddhist research. Mr. CEN Xuelv excels at poetry and calligraphy and skilled at both cursive and semi-cursive script styles. The manuscript comprises 108 pieces of artworks, making it one of his most precious works. All the calligraphies were written in the style of Semi-Cursive Regular with elegant and fluent strokes in a coherent spirit. This manuscript is highly appreciated for its aesthetic form. Mr. LIAN Deng perused the manuscript last year when he came to Ningbo to give a lecture and once again highly praised this manuscript from the perspective of an artist. On the spur of the moment, Mr. LIAN wrote down the title for this manuscript.

The manuscript consists of 49 biographies of Buddhist poets, who were survivors of the great upheaval of the Ming-Qing transmission. Most of the content was transcribed from other books, with a small portion of original literary works composed by Mr. CEN, and appendices about theories of Master Tianran and commentaries on his works. Except for the biographies of Jinshi Dangui and Er Yan, all the other biographies, such as those of Jinbi Renqian, Jianbian Yueshuo and Jinshe Guangci, were copied from *Haiyun Chanzao Ji*, which was edited by XU Zuolin and HUANG Li. *The Brief Biography of Jinshi Dangui* was the longest and most comprehensive among all the works, which was most likely compiled by Mr. CEN after taking reference from books on Jinshi Dangui such as *the Chronicle of Master Dangui* by WU Tianren and *the Biography of Jinshi* in *Haiyun Chanzao Ji*. It provides wholesome insights in terms of studying the life of Jinshi Dangui. Neither the biography of Er Yan nor his poems were included in *Haiyun Chanzao Ji*, so Mr. CEN compiled a brief biography of Er Yan with reference from the literary works of Er Yan, namely *Yanshuitang Ji* and *Xiaolou Ji*, as well as commentaries on his poems written by DENG Xuandu, CHEN Tian and other scholars. Back in the period of Ming-Qing transition, Er Yan was one of the most influential figures in the Lingnan area with impacts well beyond the Temples. He was the disciple of Kongyin Daodu, who was the teacher of Tianran Hangang. Mr. CEN compiled this biography of great research values supposedly because he and Er Yan both belong to the Haiyun facture. Mr. CEN also transcribed *the Commentary on the Fundamentals of the Laṅkāvatāra Sūtra* by Tianran, *Biography of Tianran* by Jinbian, *The Fundamentals of the Laṅkāvatāra Sūtra* by Jinwu, and *the Fundamentals of* The *Śūraṅgama Sūtra* by Jinshi, all of which were included in the Chronicle of Tianran, which was compiled by WANG Zongyan. These handwritten copies play an important role both in the research on their competency in Buddhist studies and in obtaining a comprehensive understanding of the mentorship between Tianran and his disciples Jinbian, Jinwu and Jinshi.

In recent years, the academic world has been paying an increasing amount of attention to the research on the overseas collection of Chinese literary works on Buddhism. The measures undertaken by Buddhist temples during the period from late Qing to the Republic of China for the purpose of collection, conservation and studies on the recorded history of Buddhism have also become a popular research topic. The Special Edition aims to provide added values to academic research on Buddhism, offer a comprehensive repository for regional studies on Buddhism and contribute to the development of research on Buddhism in Eastern Zhejiang. Admittedly, errors might be observed in this Special Edition due to limited financial and personnel resources and we appreciate any advice and suggestions from our readers.

We are deeply grateful for the support and help from Dr. XU Shuang and Mr. ZHA Minghao, managing editor of Shanghai Ancient Books Publishing House. We would also like to express our sincere gratitude to Mr. LIAN Deng for his inscriptions for every book. Our appreciation also goes to all the staff members of Qixin Library for their commitment and joint effort to make this happen.

Kexiang, at Qixin Library

23.04.2020

Qita Si Zhi (Records of the Seven-Pagoda Temple) was published in 1937, the 26th year of the Republic of China and consists of eight volumes. The project started in 1935 when Abbot Puchang of the Seven-Pagoda Temple asked CHEN Liaoshi to be the chief editor. CHEN Liaoshi (1898-1970) was born in Zhenhai, Ningbo as CHEN Daoliang, courtesy name Qibai (or Qibo) and often styled himself as Liaoshi, Yugu or Shiyuan. CHEN Liaoshi was famous for his poems such as Danyun Jiaxu Gao, Danyunge Shi, Danyun Zazhu, Danyunge Shihua. CHEN started his editing work by drafting an outline for the book and laid out a fundamental style guide. He had devoted himself to collecting and studying various literary works for over two years before the book was finally published in 1937. The eight volumes of *Qita Si Zhi (Records of the Seven-Pagoda Temple)* are as follows: Maps and Notes, Epigraphy, Development, Construction, Dharma Lineage, Fundamentals of Buddhist Teaching, Estates and Art & Culture. These volumes cover a variety of topics from architecture to cultural relics. Therefore, the book manages to record the thousand-year (858-1936) history of the Seven-Pagoda Temple as the main temple of the Linji School of Buddhism, and how it had withstood the ebb and flows through five dynasties of Tang, Song, Yuan, Ming, Qing, and still managed to stand firm in the period of the Republic of China. The title on the cover and the title page were respectively written by WANG Zhen and SHA Menghai. Five inscriptions, nine prefaces and five paintings are included in the preliminary pages. Two epilogues can be found with appendices for additions and corrections. Qixin Library and Ningbo Archives each hold a copy of the current edition (see The Journal of Historical Records on Buddhist Temples in China and The Series of Records on Buddhist Temples in China).

Layout: frame size 17.9 cm (h) * 12.2 cm (w), 12 lines over half a page, with 31 characters on each line. Upper folding: blank; Outline: single-lined; Folding sign: single-sided black.

Qita Baoen Si Zongpu (The Genealogy Book of Seven-Pagoda Temple) traces the lineages of 48 branches through five generations back to Ven. Ciyun Linghui, the Ancestral Master of the Seven-Pagoda Temple. Ven. Ciyun was the 39th-generation Dharma heir of Puqia Yinghao of the Linji School. As the Abbot of the Seven-Pagoda Temple, Ciyun led the temple towards the path to prosperity in every which way. He was bestowed a plaque for the Temple by the Emperor, marking the official establishment of the first generation of the Seven-Pagoda facture. Since then, the lineage has successfully developed into 48 branches, passing on the teachings of Buddhism from generation to generation. *Qita Baoen Si Zongpu (The Genealogy Book of Seven-Pagoda Temple)* was later composed as a symbol of solidarity and a tribute to the great ancestors. Two announcements were published in the newspaper in July 1934, the 23rd year of the Republic of China to call for registration of the disciples within the lineage. The printing was finished by summer 1936 and was published in September of the same year. The title of the book was written by Mr. CHEN Xiuyu, a renowned calligrapher in Zhenhai, Ningbo. The book consists of prefaces, Temple disciplines, notes on the Seven-Pagoda Temple, the epitaph inscribed on Ven. Ciyun's tombstone, two biographies of Ciyun, scripture scrolls, Dharma lineage, genealogy profiles, etc. Records on Dharma lineage and genealogy profiles are the main parts of the book. The records on Dharma lineage use line graphs to demonstrate the Dharma transmission from the Seven Buddhas, through the 28 Patriarchs of Buddhism, the first six Ancestral Masters of the Zen lineage, then to Ven. Ciyun, the 38th-generation Dharma heir of the Linji School and the ancestral master of the Seven-Pagoda facture, and finally to his five generations of Dharma heirs spreading 48 branches. The genealogy profiles record in detail the courtesy name, given name, date of birth, ancestral home, date, place and the officiant of the tonsure ceremony, date, place and the officiant of the ordination ceremony, Dharma transmission, biography, demise, Dharma heir, etc. The Genealogy Book of Seven-Pagoda Temple collected by Qixin Library is the 1936 stereotype edition. It was passed on to Master Kexiang from Master Guangxiu.

Layout: frame size 22.2 cm (h) * 16.3 cm (w), 17 lines over half a page, with 37 characters on each line. Outline: single-lined; Seal: collector's seal "廣修" (Guangxiu)

Qita Baoen Foxueyuan Yuankan (Seven-Pagoda Institute of Buddhism Studies Gazette) was a publication mainly intra-institutional communication. Ven. Puchang, the then-president of the Institute, was the chief editor of the book. According to Puchang, the book aimed to shed a light on young disciples, enlighten more people with the wisdom of Buddhism and spare them from the confusion and stress exerted by a world that is filled with global competitions for the sovereign state of great power, in the hope that the young disciples can remember the principles of the Seven-Pagoda Temple by heart, progress in practicing Buddhism and repay the four Debts of Gratitude. The Gazette mainly publishes literary works of faculty and students of the Institute, as well as poems and commentaries on topics that are related to the Institute. The Gazette was originally published in October 1936, the 25th year of the Republic of China. The title of the Gazette was written by Master Taixu. On the first page of the Gazette listed twenty things for disciples to do, printed in red characters, serving as a reminder on why we want to educate these disciples in the first place. Seven portraits of the venerable masters, an inscription of "如如不動" (immutable of the absolute) by WANG Zhen, along with seven pieces of poems by him, Preface by Ven. Puchang and Pratītyasamutpāda by Master Diwen are included in the preliminary pages of the Gazette. *Qita Baoen Foxueyuan Yuankan (Seven-Pagoda Institute of Buddhism Studies Gazette)* has six columns, namely Lectures, Commentaries, Art, Special, Poetry and Essays, each of which reflects on the teachings and day-to-day life of the Institute. Due to the ravages of war and the lack of mass production of the journal, there is only one copy left as part of the private collection of Mr. WANG Wenhui. Mr. WANG has involved himself in the promotion of the Buddhist faith since 1980 and has made great contributions to the cultural development of Buddhism of Ningbo, as well as the development of the Seven-Pagoda Temple. To further support the good cause, he decided to donate the one and only copy of the Gazette to the Seven-Pagoda Temple when we were collecting stories for the *Seven-Pagoda Temple Biographical Notes*. This copy is a 1936 stereotype edition and is now held by Qixin Library. Two seals with the inscription of "王文輝" (Wang Wenhui) can be found on the book.

Huayan Gangyao Qianshuo (An Elementary Introduction to the Mahāvaipulya Buddhāvataṃsaka Sūtra) was a commentary written by Ven. Puchang. *The Mahāvaipulya Buddhāvataṃsaka Sūtra* is regarded as the most grandiose and comprehensive work of the Buddhist scriptures and provides infinite wisdom for all. It is as important as it is difficult to understand due to its complexity and subtle language. Some disciples even fail to read it through by the time they finish the 3-year study and graduate. Therefore, Ven. Puchang decided to touch upon the essential points of the Sūtra and provide interpretations and commentaries on the discourses so that the main principles of the Sutra can be extracted for future disciples to study. Ven. Puchang started by explaining the title of the Sūtra to stress its principles, followed by graphs that demonstrate clear indications of each chapter and section. He then took reference from Chengguan's commentaries to the Sūtra and provided comprehensive and in-depth analysis on the 39 chapters, spoken in seven places during nine assemblies, and on the five cycles of causes and effects, explained in four sections. The stereotype edition of the book was published by Shanghai Library of Buddhist Studies in 1931, the 20th year of the Republic of China and the title was written by FAN Gunong. Three prefaces by Master Dixian, LUO Jie and FAN Gunong were included in the preliminary pages. The book was mainly for Buddhist disciples and distributed through local circulation centers, so it was not in mass publication. After waves of war, there is only one copy left, which also belongs to the private collection of Mr. WANG Wenhui, who then generously donated to Qixin Library. Inscriptions of "王文輝，一九五九・三・八・寧波" (Wang Wenhui, 8TH March 1958, Ningbo) can be found on the title page.

Baoguo Si Zhi (Records of Baoguo Temple) was published in 1805, the 10th year of the Jiaqing period in Qing Dynasty, with Abbot Min'an of Baoguo Temple as chief editor. Other contributors such as YU Zhaohao, FENG Quanxiu, LU Qipan, ZHENG Zhaolong also committed to the publication project by collecting resources, making corrections and modifications. Originally named Lingshan Temple, Baoguo Temple got its current name in the year 880, the first year of Guangming period in the Tang Dynasty when Emperor Xizong bestowed the plaque on the Temple. Master Defang was the ancestral master of the Southern Chamber facture of Baoguo Temple and Master Min'an was his 15th-generation Dharma heir. Min'an found the original records on the Temple inside a stone Buddha statue, thus beginning his search for scattered resources and archaic references to compose a more comprehensive edition of the record. *Baoguo Si Zhi (Records of Baoguo Temple)* consists of two volumes with five sections, namely Topography, Temples, Historic Sites, Art and Foresight, narrating the Temple's nearly one-thousand-year history from Tang Dynasty to the Jiaqing period of Qing Dynasty. The preface was written by FEI Chun, the then-minister of Personnel. Biographies of Min'an and poems from his friends can be found at the end of the book. The current edition of this book is the 1805 block-printing edition. Qixin Library holds one copy while the other copy is held by the National Library of China.

Layout: frame size 20.3 cm (h) * 15.1 cm (w), 9 lines over half a page, with 18 characters on each line. Upper folding: blank; Outline: single-lined; Columns: No; Folding sign: single-sided black; Seals: " 學蓮 " (Xue Lian) and " 四明沙門然學 " (Siming Shamen Ran Xue) can be found in the book. Besides the block-printing edition from the Qing Dynasty, a handwritten copy for collection purpose can be found at Fufu Collection Hall in Ningbo (see the Collection of Local Records) and a handwritten copy by SHI Juexing from the Qing dynasty can be found at Tianyi Ge Museum.

Siming Yanqing Jiangsi Wannianbu (The Perpetual Note of Siming Yanqing Temple) was co-edited by Master Jing'an, Yihuan and others during the revitalization of Yanqing Temple. The book consists of sections such as the Foundation Plan of the Temple, Disciplines, Estate, Construction, Merit, Economy and History of the Temple, in the hope to enlighten future disciples and expand lineage. Siming Yanqing Temple was built by Siming Zhili, the 17th-generation Dharma heir of Tiantai School, as the main Bodhimaṇḍa of Tiantai Buddhism in Northern Song Dynasty for teaching and reflection purposes. Master Jing'an took the responsibilities as the Abbot of Yanqing Temple in 1934 and made great progress in promoting Tiantai Buddhism. Following the final words of the late Siming Zhili about the Five Constant Virtues, Jing'an established nine Perpetual Rules to revitalize Yanqing Temple and made them the first section of the Perpetual Notes of Yanqing Temple. He also undertook measures to boost the economic development of the Temple and renovated the buildings. Besides, Master Jing'an worked hard to take back the eastern foundation of the Temple, dredge the Rihu Lake. He also carried out plans for road reconstruction and built up walls around the Temple for safeguarding purposes. The correspondence related to these activities were included in the third section Construction. After the demise of Jing'an in the winter of 1942, the 30th year of the Republic of China, Master Yihuan carried on the unfinished business of Jing'an and continued to defend the Temple and finally completed the editing work of the book. Yihuan invited ZHANG Shenghui, ZHAO Baixin and Master Zhifeng to write prefaces for the book. Two handwritten copies of the book (Primary and Secondary) were made by Yihuan. Qixin Library now holds the secondary handwritten copy.

Layout: frame size 17.8 cm (h) * 19.5 cm (w), 18 lines over half a page, with various numbers of characters on each line. Upper folding: blank; Outline: no line; Seal: "大池居士" (Da Chi Ju Shi), "之之齋藏" (Zhi Zhi Zhai Cang), "四明延慶講

寺圖书" (Si Ming Yanqing Jiang Si Tu Shu), "亦幻之印" (Yi Huan Zhi Yin).

The main part of *The Manuscript of CEN Xuelv: Biographies of Buddhist Poets Extracted from Haiyun Chanzao Ji* is the biographies of 49 Buddhist poets, which were originally included in *Haiyun Chanzao Ji*, and their literary works, which were originally included in *The Chronicles of Tianran*. The reputable Mr. CEN (1882-1963) was born in Shunde, Guangdong as CEN Shouling. His courtesy name was Helu, Dharma name Kuanxian. According to the introductions on the title page, this manuscript consists of resources of 50 Buddhist poets, handwritten by Mr. CEN, in the hope to contribute to further research. The *Haiyun Chanzao Ji* held by Mr. CEN was a reprinted edition of the original. *Haiyun Chanzao Ji* was composed in the Qing Dynasty by XU Zuolin and HUANG Li. It was a selection of over 1,000 poems about Tianran and Haiyun Temple, written by two generations of Buddhist and laymen poets, who were disciples of Tianran. These disciples were mostly survivors of the great upheaval during the transition from Ming to Qing dynasty. Their similar life experiences led to a uniformed literary style of Haiyun School, a prominent school of poetry in the Lingnan area at the beginning of the Qing Dynasty. Besides handwritten copies of works by these Buddhist poets, the manuscript also included other original new works, such as the poem by Jinshi at the beginning of the book, the chronicle of Jinshi, the biography of the 50th Buddhist poet Er Yan and commentaries on his poetry. The manuscript is valuable both in an academic sense and in an artistic sense, presenting precious resources for the study of the calligraphy of Mr. CEN Xuelv.

Layout: frame size 22.8 cm (h) * 15.6 cm (w), 10 lines over half a page, with various numbers of characters on each line. Outline: red columns.